아이패드로 돈 버는 이모티콘 만들기

아이패드로 돈 버는 이모티콘 만들기

초판 1쇄 발행 2020년 9월 30일
초판 4쇄 발행 2023년 4월 20일

지은이 진선호
편집인 옥기종
발행인 송현옥
펴낸곳 도서출판 더블:엔
출판등록 2011년 3월 16일 제2011-000014호

주소 서울시 강서구 마곡서1로 132, 301-901
전화 070_4306_9802
팩스 0505_137_7474
이메일 double_en@naver.com

ISBN 978-89-98294-93-9 (03320) 종이책
ISBN 979-11-91382-63-1 (05320) 전자책

1년에 10번 승인 받은 이모티콘 작가의 비결

아이패드로 돈 버는 이모티콘 만들기

—— 진선호(써노) 지음 ——

더블:엔

독자 여러분 안녕하세요? 이모티콘 작가 써노입니다. 많은 책 중에서 이 책을 펼쳐든 독자님께 환영과 감사의 인사를 전합니다.

저는 2019년부터 이모티콘을 출시하여, 현재까지 30개의 카카오 이모티콘을 승인받고 제작하였습니다. 직장생활을 하며 취미활동으로 시작한 이모티콘 제작이 지금은 제 삶에서 큰 비중을 차지하게 되었습니다.

여러분은 어떤 이유로 이모티콘을 만들고 싶으신가요? 사이드잡으로? 나만의 캐릭터 상품을 만들고 싶어서? 재미난 취미활동을 갖고 싶어서? 이유가 무엇이든 좋습니다. 이모티콘 작가라는 멋진 목표는 모두 같을 테니까요.

이 책은 이모티콘에 대해 전혀 모르는 독자님은 물론이고, 기존에 제작 경험은 있지만 아이패드를 이용해서 이모티콘을 만들어보지 않으신 분들을 위해 쓴 책입니다. 전공자가 아닌 제가 지난 3년 동안 수많은 미승인과 승인을 거치며 터득해온 팁들을 아낌없이 담았습니다.

영상매체가 주된 시대에, 책을 통해 제작법을 전한다는 것이 쉽지 않았지만, 최대한 이해하기 쉽게 자세히 안내해 보았습니다.

천천히 여러 번 읽어보고 따라하신다면 어느새 멋진 이모티콘이 완성돼 있을 것입니다.
이모티콘은 이제 우리 삶에서 떼어놓을 수 없는 중요한 매체입니다. 여러분이 만든 이모티콘으로 희로애락을 표현하는 사람들을 상상해보세요. 기분 좋은 상상 아닌가요?
자, 이제 크게 심호흡 한 번 하고, 천천히 따라와주세요.

다시 한번, 이모티콘 제작의 세계에 오신 여러분을 진심으로 환영합니다.

2022년 1월 써노 드림

c o n t e n t s.

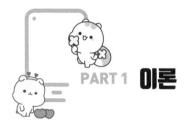

PART 1 이론

PART 2 **실전**

PART 3 **따라해보자!**

이론

도대체 왜 1년 동안
미승인만 받았을까

2018년 1월, 저는 이모티콘의 세계에 무작정 발을 들였습니다. 이모티콘을 만들어보기로 했을 때, 승인의 벽이 이렇게 견고한 줄 몰랐습니다. 도전을 시작하고 첫 이모티콘이 승인 나기까지 꼬박 1년이 걸렸습니다. 중간에 포기한 기간도 있었지만 열 번의 미승인을 받고 나서야 승인 메일을 받을 수 있었습니다. 독자 여러분께서도 아마 저와 비슷한 경험을 하고 계실지 모르겠습니다.

이모티콘 열 개를 출시하고 난 지금에 와서 되돌아보면 왜 미승인을 받았던 것인지 몇 가지 이유가 보이긴 합니다. 결과론적인 이야기일 수는 있지만, 한 번의 승인 이후에 연속적인 승인을 받았다는 것은 '승인의 조건'을 어렴풋이나마 깨닫지 않았나 하는 생각이 들기도 하는 것이죠.

제가 가장 크게 생각하는 미승인의 이유는 '이모티콘이라는 매체에 대한 이해 부족'이었습니다. 이는 이모티콘을 처음 시작하는 분들이라면 비슷하게 마주하는 문제라고 생각합니다. 미승인 되었던 이모티콘들을 오래도록 들여다보고, 승인받은 이모티콘과 비교하면서 미승인의 이유를 두 가지로 정리할 수 있었습니다.

● 그림의 완성도가 부족하다

지금도 월등한 실력을 자랑하시는 작가님들에 비하면 미술 비전 공자인 제 이모티콘의 수준이 훌륭하다고는 볼 수 없지만, 초기 미승인 이모티콘들을 보면 완성도가 많이 떨어집니다. 소위 '발그림' 컨셉의 이모티콘이 아니라면 다른 이모티콘과 비교했을 때 부족하다는 느낌을 주면 승인은 어렵다고 생각합니다.

작가의 미승인 이모티콘 　　　　　　작가의 승인 이모티콘

그렇다면 내 그림이 어느 정도 수준인지는 어떻게 알 수 있을까요? 가장 쉬운 방법은 바로 '비교하기'입니다. 여러분이 그린 이모티콘과 이모티콘샵에 있는 비슷한 스타일의 이모티콘을 찾아서 나란히 놓고 비교해보세요. 저 또한 뛰어난 이모티콘들을 매일 보며 '더 완성도를 높여야겠다'를 계속 체감 중이랍니다. '비교'라는 것이 조금 잔인한 방법일 수도 있지만 더 노력하기 위한 동기부여로는 아주 좋은 방법입니다.

● 컨셉이 부족하거나 과하다

이모티콘을 많이 쓰고 있는 분들이라면 아시겠지만, 요즘은 마냥 귀엽기만 한 이모티콘은 거의 찾아볼 수 없습니다. 귀여움에 더해서 '무언가'가 더 있다는 말이죠. 그 무언가가 바로 '컨셉'입니다. 토끼를 소재로 한 캐릭터가 무수히 많은데도 매일같이 새로운 '토끼 이모티콘'이 나오는 이유는, 모두 다 '다른 컨셉을 가진 토끼' 이모티콘이기 때문입니다.

넘 좋다요 | 저 녀석 정체가 뭐지?
다요는 3단 로켓이다요! 다요토끼 3 - 자홍 | 영화 꽤나 본 토끼 - 토사장

데헷!! |
안녕 난 토끼! 토끼는 행복해 - HA | 사랑하자! 하자토끼! - 써노

다양한 종류의 토끼 이모티콘

제가 미승인 받았던 이모티콘들은 컨셉이 있으나 실용성이 낮거나 컨셉이 없거나 희미한 경우로 구분할 수 있었습니다. 대화방에서 사용하기 어려울 정도의 과한 컨셉은 자칫 이모티콘의 실용성을 떨어뜨릴 수 있습니다. '재미있긴 한데…. 이걸 대화에서 쓸 수 있을까?' 하는 생각이 든다면 컨셉만 강조된 이모티콘입니다. 반대로 '귀엽기는 한데…. 뭔가 재미가 부족하지 않나?' 라는 생각이 드는 이모티콘은 컨셉이 부족한 경우입니다.

그림만으로 마음을 완전히 사로잡지 못하는 이상 수많은 경쟁작 사이에서 빛을 보기 힘들지 않을까요?

어떻게 열 개의 이모티콘을 출시할 수 있었을까

1년 동안 열 개의 미승인을 쌓고, 나름대로 이모티콘을 공부한 끝에 2019년 1월, 드디어 첫 이모티콘이 승인되었습니다. 첫 승인을 받자 그동안의 노력이 헛되지 않았다는 생각에 무척 기뻤습니다. 그런데 뛸 듯이 기쁜 마음이 어느 정도 진정되자 한 가지 궁금증이 생겼습니다.

'왜 이번에는 승인이지?'

앞서 미승인을 받은 이모티콘 열 개와 무엇이 달랐기에 승인되었을까? 분명 승인과 미승인 사이에 어떤 이유가 있을 것 같았습니다. 미승인 받았던 이전 이모티콘들과 승인받은 이모티콘을 비교해보며, 정답은 아니지만 제 나름대로 분석한 이유는 다음과 같습니다.

● 이모티콘이라는 매체에 대한 이해

미승인을 받고 재도전하는 동안, 저는 매일 신규 이모티콘을 공부하면서 소위 '이모티콘 작법'에 대한 감을 익혔습니다. 그 결과, 부족하지만 시중의 이모티콘과 비슷한 수준의 이모티콘을 만들어낼 수 있었습니다.

● 캐릭터의 완성도와 대중성 향상

이모티콘샵을 보면 대부분이 귀여운 동물 캐릭터나 사람 캐릭터
라는 것을 알 수 있습니다. 미승인된 이모티콘의 캐릭터들은 완
성도와 대중성이 낮은 캐릭터가 많았습니다. 이모티콘샵의 캐릭
터들을 연구하고 따라 그리며, 이모티콘에 적합한 캐릭터를 개발
할 수 있었습니다.

● 그림 실력의 향상

초기에 제안한 이모티콘들과 비교해보면 그림 실력 또한 많이 향
상되어 있었습니다. 이모티콘 전체에서 캐릭터의 모습이 일관되
고, 동작과 화면 구성도 다양해졌습니다. 뻔한 그림보다 아이디
어를 넣은 그림의 비중도 높았습니다.

● 컨셉의 확고함

저의 첫 승인작 '하자하자! 하자토끼!'는 항상 말끝이 '~하자'로 끝
나는 컨셉의 이모티콘입니다.

작가의 첫 승인 이모티콘 | 하자하자! 하자토끼! - 써노

이전 이모티콘들도 나름의 컨셉을 잡긴 했지만, 재미가 없거나
실용성이 떨어지는 컨셉이었습니다. 그에 비해 누가 봐도 특징적

인 컨셉을 잡은 것이 승인을 위한 플러스 요인이 아니었나 생각
합니다.

이런 분석 덕분인지 모르지만, 첫 승인 이후에는 1년 동안 총 열
개의 이모티콘을 꾸준히 승인받고 출시할 수 있었습니다. 물론
지금도 여전히 미승인을 받고 있지만, 미승인 이유를 나름대로
분석하고 나자 재도전할 수 있는 힘을 기르게 되었습니다.

여러분도 미승인된 이모티콘들을 다시 한번 천천히 들여다보시
며 미승인 이유를 분석해보는 시간을 가져보시길 바랍니다.

이모티콘을 만들기 전에 알아야 할 몇 가지

연속적인 '미승인'으로 몸과 마음이 너덜너덜해졌을 당시에, 저는 무언가 달라져야 한다고 생각했습니다. 고민 끝에 이모티콘을 본격적으로 공부해보자고 다짐했습니다. '지피지기면 백전백승'이라는 말처럼, 내가 도전장을 내민 이모티콘이 무엇인지 더 정확히 알고 싶었기 때문입니다. 이모티콘을 공부하기로 마음먹고서, 매일 오전 카카오 이모티콘샵에 들어갔습니다.

이모티콘을 공부하자!

카카오 이모티콘샵에는 매일 오전 10시 30분, 새로운 이모티콘이 쏟아져 나옵니다. 시리즈 이모티콘의 차기작은 물론이고, 참신하고 새로운 캐릭터로 무장한 신규 이모티콘 등 25개 가량의 이모티콘이 매일 새로운 구매자를 만나러 세상에 나옵니다. (2022년 1월 기준) 일주일에 125개, 한 달에 525개, 1년에 약 6300개 가량의 이모티콘이 나오는 곳이 현재의 이모티콘 시장입니다. 이런 '레드오션'에서 신규 이모티콘의 자격을 얻은 이모티콘이라면, 모범생의 필기 가득한 교과서처럼 얻을 정보가 많지 않을까요? 그런 생각에 저는 매일 출시되는 신규 이모티콘을 꼼꼼히 살펴보았습니다.

모바일 이모티콘샵   웹 이모티콘샵

이모티콘을 보는 기준은 아래와 같았습니다.

  1. 이모티콘의 제목
  2. 캐릭터의 생김새
  3. 메시지의 구성
  4. 캐릭터 움직임 (움직이는 이모티콘)
  5. 비슷하게 떠오르는 이모티콘

이 다섯 가지 기준으로 하나의 이모티콘을 살펴보는 시간은 1분 정도면 충분합니다. 이렇게 출시되는 이모티콘들이 머릿속에 차곡차곡 쌓이며, 저에게는 이모티콘을 보는 '시선'이 생겨났습니다.

  1. 이모티콘 제목은 캐릭터의 이름과 컨셉을 나타내고 있구나!
  2. 요즘 승인되어 출시하는 이모티콘의 캐릭터는 이렇게 생겼구나.
  3. 메시지는 컨셉에 따라서 다르네. 똑같은 감정도 컨셉에 맞게 표현하고 있군.

4. 이 동작은 다른 이모티콘들에서도 많이 본 동작이네. 요즘의 유행일까?

이 동작은 처음 보는 동작인데, 이렇게도 창의적으로 표현할 수 있구나.

5. 이 이모티콘은 어제 출시한 이모티콘과 컨셉이 비슷하네. 대중이 이런 컨셉을 좋아하는구나.

매일 이런 과정이 반복된다면 어떨까요? 여러분은 아마 승인받는 이모티콘이 무엇인지에 대해 '감'을 갖게 될 것입니다. 이러한 감은 누구도 가르쳐줄 수 없는 것이며 여러분의 노력만으로 얻을 수 있는 비결이 될 것입니다.

더불어, 조금 더 여유가 있다면 '인기 순위'에 들어가서 어제 출시한 이모티콘의 인기 순위를 살펴보세요. 10위 안에 진입한 이모티콘도 있을 것이고, 첫날부터 100위권으로 밀려난 이모티콘도

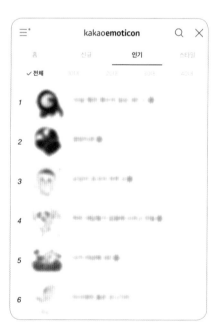

카카오 이모티콘샵 인기 순위

있을 것입니다. 그 순위를 예상하고, 실제 순위의 이유를 나름대로 분석해보는 것도 '잘 팔리는 이모티콘,' 즉 '이모티콘 트렌드'를 알 수 있는 좋은 공부가 되리라 생각합니다.

이모티콘샵을 속속들이 살피고 연구하는 습관 들이기! 이모티콘 작가의 몸을 만드는 중요한 훈련입니다.

메모를 생활화하자!

제 핸드폰 메모 앱에는 이모티콘에 대한 수많은 메모가 쌓여 있습니다. 이미 승인된 이모티콘에 대한 것부터, 적어만 놓고 들여다보지 않는 것까지 잡동사니 창고 같은 메모장이죠.

저는 이모티콘에 대한 아이디어가 생각나면 단어 하나도 놓치지 않고 적어놓으려고 합니다. 예를 들어 '트로트' 라는 컨셉이 떠오르면 메모장에 '트로트', '실제 사람 같은 느낌', '현란하고 신나는 느낌' 등을 적어놓는 것입니다.

메모를 어떻게 써야 한다는 법칙은 없습니다. 여러분이 편한 방식대로 단어든 문장이든 아이디어를 남겨놓기만 하면 됩니다. 아이디어 메모가 어느 정도 정리되면 이모티콘샵에 들어가서 유사한 이모티콘이 없는지를 검색해봅니다. 열심히 만들어 놓았더니 흡사한 이모티콘이 있어서 미승인되면 너무 아까울 테니까요.

이모티콘 컨셉에 대한 구상이 어느 정도 완성이 되면, 메모장에 24개(32개)의 메시지를 짜보기도 합니다. 컨셉이 확실하다면 메시지는 후다닥 써지는 경우도 많습니다. 이 메시지는 그림과 합쳐져서 삭제되기도, 변형되기도 하니 너무 완벽히 쓸 필요는 없습니다.

H1 **트롯킹 1집 : 멋진인생**	12 화남-확 마~(마이크로 위협) 우쒸
1 기쁨-좋다 좋아	13 당신은 내 사랑-손하트 느끼 그윽
2 슬픔_꺼이꺼이꺼이 아이고오	14 먹고 힘 냅시다
3 놀람-놀라서 마이크 놓침(오마이갓)	15 반함-우와아
4 물음표-뭐???	16 감사합니다~
5 사과-미안합니다아~	17 마이크 가리고 웃음 ㅋㅋㅋㅋ
6 응원-대박 대박 대박날거야	18 가슴이 아프다~
7 신남-음악 주세요! (댄스)	19 굿뜨 모닝~
8 축하-축하합니다~	20 구뜨 나잇~~
9 칭찬-특급 칭찬이야~	21 하트
10 승낙-오오케이~	22 피곤한 인생
11 거절-으응 아니야~	23 멋진 인생! 잘난 인생!
	24 바보 바보야~ /아 못난 사람~

작가의 메모장

모든 창작하는 사람들이 비슷하겠지만, 저는 이모티콘 제작에서
메모가 정말로 중요하다고 강조하고 싶습니다. 이모티콘이라는
시장이 빠르게 변화하는 트렌드를 반영하는 곳이기에 사소한 것
하나도 놓치지 않아야 낡지 않은 이모티콘을 만들 수 있지 않을
까요?

추천하는 메모 앱

 추천해드리는 메모 앱은 '베어'입니다. 네이버 메모
앱이나 에버노트 등 다양한 앱이 있지만, 이 앱의
가장 큰 장점은 메모를 쉽게 분류할 수 있다는 것입
니다. '#병맛'이라는 말을 넣기만 하면 #병맛이라는
폴더가 만들어지고 그 속에 메모가 들어갑니다. 또 다른 아이디어를
떠올렸을 때도 '#병맛'이라는 태그만 붙이면 나중에 #병맛 태그 메모
만을 한 번에 모아서 볼 수 있습니다. 가끔 이 과정에서 두 아이디어가
하나로 합쳐지는 마법이 일어나기도 한답니다.

내가 잘하는 것이 무엇인지 생각하자!

이모티콘을 만들기 전에 또 한 가지 중요한 점은 '나 자신을 아는 것'입니다. 갑자기 왜 자기계발서 같은 말이냐고 생각하실지도 모르겠습니다. 출시하는 이모티콘을 두 부류로 거칠게 나눠보면 '귀여움'과 '병맛(재미)'이라 할 수 있습니다. 그렇다면 여러분은 어떤 이모티콘을 만들 계획이신가요?
귀여운 것을 아주 좋아하고 잘 그리는 사람이 폭소가 터지는 병맛 이모티콘을 만들기란 아마 쉽지 않을 것입니다. 또 하는 말마다 재미있는 '드립'인 사람이 애교가 넘치는 귀여운 이모티콘을 만들기 쉽지 않을 테고요. (물론 귀여운 캐릭터가 재밌는 멘트를 구사하는 경우도 있습니다)
사실, 일부러 작정하지 않는 이상 자신과 정반대 스타일의 이모티콘을 만드는 일은 적습니다만, 이모티콘을 만들기 전에 내가 좋아하고 잘 만들 수 있는 이모티콘은 무엇일지 한 번쯤 진지하게 생각해보는 것이 좋다고 생각합니다. 그리고 여러분이 잘할 수 있는 스타일을 찾으세요. 그 강점을 강화하는 길이 승인으로 가는 지름길일지 모릅니다.

이모티콘의 기본을 지키자! (이모티콘의 필수 구성 요소)

뭐니 뭐니 해도 이모티콘을 만들기 위해서는 이모티콘의 기본을 지키는 것이 중요합니다. 앞에서도 잠깐 언급했고, 뒤에서도 꾸준하게 언급할 내용이지만 이모티콘을 이루는 필수 구성 요소를 정리해보면 다음과 같습니다.

● 캐릭터

저의 미승인 된 이모티콘 캐릭터들은 '열심히'는 그렸지만 대중
성의 측면에서 보면 아무래도 심심하고 매력 없는 캐릭터였습니
다. 저는 심사위원의 시선을 사로잡는 1순위는 캐릭터라고 생각
합니다.

작가의 미승인 이모티콘 캐릭터

영화로 예를 들어볼까요? 재미있는 줄거리나 끝내주는 CG로 무
장한 영화도 우리의 시선을 끌긴 하지만, 우리의 마음을 크게 흔
드는 것은 무엇보다 '배우(캐릭터)'입니다. 영화를 처음부터 끝까
지 이끄는 주인공(배우)이 누구인지에 따라 영화의 흥행을 미리
보장받는 경우도 많습니다.

여러분의 이모티콘이 한 편의 영화라고 생각해보세요. 영화 장르
는 웃음이 나오는 코미디일 수도, 잠을 설치게 하는 공포일 수도,
사랑스러운 멜로일 수도 있습니다. 각 장르에 어울리는 배우는
누구를 캐스팅하면 좋을까요? 코미디 영화인데 너무 잘 생기고
완벽한 배우가 나오는 영화는 아무래도 재미가 없습니다. 호러
영화인데 너무 귀엽게 생긴 배우가 귀신으로 나오면 하나도 무섭
지 않을 것입니다.

여러분이 만든 이모티콘이라는 영화에, 어떤 캐릭터가 딱 맞는
배우인가요?

작가의 승인 이모티콘 캐릭터

캐릭터는 대화방 속에서 내 감정을 대신 표현하는 이모티콘 속
주인공입니다. '펭수'처럼 이미 유명한 캐릭터들이 이모티콘으로
출시해서 큰 인기를 끄는 것만 봐도 '캐릭터의 힘'은 절대 무시할
수 없습니다. '미적 완성도'를 떠나서 내가 만들고자 하는 이모티
콘에 딱 맞는 캐릭터! 우리는 그런 캐릭터를 찾고 그려야 합니다.

● 컨셉
내가 만들고자 하는 이모티콘은 무엇일까?
이모티콘을 만들기로 했지만 '어떤' 이모티콘을 만들지, 자세한
내용에 대해서는 제대로 생각해보지 않으셨을 수도 있겠습니다.

언니사랑! 언니바라기 - 미이   잔소리티콘 - 노페이퍼   의사티콘 - 딸기코

독특한 컨셉을 가진 이모티콘

그저 귀여운 캐릭터가 '사랑해', '고마워', '축하해'와 같은 메시지를 전달하는 이모티콘을 구상하셨다면, 이제는 한발 더 나아가 '컨셉'에 대해 고민해보셔야 합니다.

하루에도 수백 개, 한 주에 수천 개의 이모티콘이 제안되고 있는 이모티콘 심사 속에서 귀엽지만 평범한 메시지로 된 이모티콘은 눈에 띄기 어렵습니다. 멘트 구성에서든지, 캐릭터에서든지, 말투에서든지 어떠한 방법으로든 컨셉을 입혀야만 다른 이모티콘들과 차별점을 가질 수 있습니다.

● 멘트

앞서 소개한 '컨셉'과도 맞닿아 있지만, 따로 소개하는 이유는 이모티콘에서 큰 비중을 차지하는 요소 중 하나가 '멘트'이기 때문입니다. 제가 말하는 '멘트'란 이모티콘에 적혀 있는 '텍스트'를 말합니다.

감 떨어짐...

나대지 마 심장아

그렇게 해삼

용감한 친구들 용감해! - 고감

얄미운 귀요미 등장! - 삐야

바닷속 친구들 - SHWA

개성 있는 멘트의 이모티콘

저 또한 이 '멘트'의 중요성에 대해서 오래도록 간과해왔지만, 시간이 흐를수록 멘트의 중요성을 실감하고 있습니다. 비슷한 캐릭터, 비슷한 그림과 컨셉의 이모티콘들이 있다면 마지막 개성을 입혀주는 요소가 바로 '멘트'입니다.

이모티콘을 제작할 때는 위의 세 가지 필수 구성 요소를 항상 염두에 두어야 합니다. 이모티콘 필수 구성 요소 세 가지를 잘 표현하는 방법은 2부 〈실전〉 편에서 더 자세히 다뤄보도록 하겠습니다.

이모티콘은 누가 뭐래도 상품이다!

실제로 이모티콘을 출시해보며 새삼스레 깨달은 것이 하나 있었습니다. 바로 이모티콘은 '상품'이라는 사실입니다. 내가 아무리 열심히, 예쁘게, 귀엽게, 재밌게 그린다고 한들 내 이모티콘은 미술관에서 '전시'되는 것이 아니라 이모티콘샵에서 '판매'되기 때문이죠. 그러므로 이모티콘에 대한 접근도 달라야 합니다.

작가의 내면을 표현하고 깊은 미학적인 세계를 보여주기에 이모티콘은 적합하지 않은 매체입니다. 평소에 그림을 잘 그리고 전시를 하는 사람이라 하더라도 이모티콘에 도전할 때는 그 재능이 잘 적용되지 않을 수 있습니다.

이모티콘의 성취는 오직 '많은 판매량'으로 판가름 납니다. 대중들에게 좋은 반응을 얻기 위해서는 '내가 원하는 그림'이 아니라 '대중들이 원하는 그림'을 그려야 합니다. 한동안 유행했던 '발 그림 컨셉'만 생각해보아도 미적인 완성도는 낮지만 '1020세대 대중들이 원하는 그림'이었기에 많이 승인되고 인기를 끌 수 있었습니다.

이모티콘을 만들다 보면 그림의 기준을 어디에 맞춰야 할지 혼란스러울 때가 있습니다. 더욱이 오랜 기간 그림을 그려온 분이라면 나만의 그림 스타일(그림체)은 이미 확고한데, 출시되는 이모티콘들과 내 그림 스타일은 어딘가 달라 고민되기도 합니다.

이렇게 생각해볼까요?

A 우산   B 우산

비 오는 날, 여러분은 우산을 사기 위해 슈퍼마켓에 갑니다. 판매대에는 A 우산과 B 우산이 나란히 걸려 있네요. 가격은 같지만 특징은 다릅니다.

A 우산은 디자인이 아주 독특하고 화려합니다. 한정된 양만 판매합니다. B 우산은 남색의 평범한 우산이지만 강철 재질에 방수 코팅이 되어 있습니다.

여러분은 둘 중에서 어떤 우산을 구매하시겠어요?
A 우산은 독특한 디자인이 눈길을 사로잡긴 하지만 너무 튀어 보이는 단점이 있습니다. 화려한 우산으로 개성을 뽐내고 싶은 사람들도 있겠지만, 더 많은 대중은 무난한 색에 재질과 기능이 좋은 B 우산을 구매할 것입니다. 우산을 사는 1차 목적은 비를 막는 것이며, 디자인은 부차적인 것입니다.
그렇다면 이모티콘은 왜 사는 것인가요?
귀여워서. 재밌어서. 간단하게 답할 수도 있지만, 더 정확히는 이렇게 말할 수 있겠습니다.
"대화방에게 내 생각과 감정을 더 잘 전달하고, 나만의 개성을 드러내기 위해서."

비를 막는 것이 우산의 1차 목적이듯, 이모티콘의 1차 목적은 대화에서 내 감정과 생각을 효과적으로 전달하는 것입니다. 너무 과한 개성(과한 그림체, 과한 색감 등)은 자칫 그 기본 목적까지도 가려버릴 수 있습니다. 그러므로 이모티콘을 만드실 때는 '이모티콘은 대중이 구매하는 상품'이라는 점을 꼭 염두에 두시길 바랍니다. 독특한 개성보다는 기능! 거기에 개성을 더하기! 잊지 마세요.

이모티콘 만들기,
왜 아이패드가 좋을까

제가 운영하는 블로그에서 가장 많이 받은 질문이 '아이
패드만으로 이모티콘을 만들 수 있나요?' 입니다. 우선
답부터 드리자면, '95% 가능하다' 입니다. 이모티콘의 제안뿐만
아니라 승인 이후의 과정 대부분도 아이패드만으로 작업이 가능
합니다. 그렇다면 100%가 안 되는 이유는 무엇일까요? 이모티콘
의 완성도를 높이는 과정에서 PC 작업이 더해지기 때문입니다.

| 아이패드 PRO | 애플 펜슬 1세대 | 애플 펜슬 2세대 |

애플의 아이패드와 애플 펜슬

아이패드의 장점

아이패드는 아시다시피 애플사에서 나온 태블릿 PC입니다. 처음
에는 비디오, 문서, 사진 감상 용도로 수동적으로 썼던 아이패드
가 강력한 창작의 도구로 변신을 한 것은 '애플 펜슬'이 등장하고

부터입니다.

저도 이모티콘을 가장 처음 그렸던 도구는 판형 타블렛이었습니다. 하지만 그림 실력이 부족해서인지 제가 원하는 만큼의 결과물을 뽑아내지 못한다는 한계를 느꼈고, 아이패드와 애플 펜슬을 구매하게 되었습니다. 아이패드를 구매할 당시에는 저렴하지 않은 가격 때문에 고민을 많이 했지만, 이모티콘을 여러 개 출시한 지금은 '아이패드가 아니었다면 이모티콘 작가가 될 수 없었겠다'라는 생각까지 할 정도입니다. 도대체 어떤 장점들이 저를 매혹했을까요?

● 언제 어디서든 들고 다닐 수 있어요

저는 아이패드 프로 3세대 12.9인치를 사용하고 있습니다. 크기는 A4용지보다 약간 작아서 가방에 넣어 다닐 수 있습니다. 도서관, 카페, 학교, 심지어 야외에서도 배터리만 충분하다면 사용할 수 있습니다. 저는 종종 집중이 잘 안 되거나 이모티콘을 구상할 때면 장소를 옮겨 작업하곤 합니다.

기존 판형 타블렛과 액정 타블렛은 컴퓨터가 있어야 작동하기 때문에, 아무리 간소화한다고 해도 노트북 + 타블렛 조합이라서 아이패드와 비교하면 사용이 번거롭습니다.

● 애플 펜슬이 있어요

애플 펜슬은 미술가들에게도 호평을 받는 도구입니다. 충전을 시켜야 하는 단점이 있긴 하지만, 프로 3세대부터는 아이패드에 부착하는 동시에 충전도 되어 그 단점이 많이 줄어들었습니다. 판형 타블렛과는 다르게 화면에 직접 그림을 그리기 때문에 스케치부터 이모티콘 완성까지 모두 해낼 수 있는 강력한 도구입니다.

● 이모티콘을 만들 수 있는 다양한 앱이 있어요

애플 펜슬 덕분인지 아이패드에는 그림을 그릴 수 있는 좋은 앱들이 많습니다. 대부분 유료 앱이지만 그 가치를 충분히 해냅니다. 많이 사용하는 앱은 크게 프로크리에이트, 클립스튜디오, 러프애니메이터, 메디방 등이 있습니다.

이 책에서는 '클립스튜디오'로 이모티콘을 제작하는 방법에 대해 자세하게 다루겠습니다.

● 파일을 옮기기 편해요 (맥OS 계열)

만약 사용하는 컴퓨터가 맥OS 계열의 제품이라면 '에어드랍' 기능을 이용하여 파일을 실시간으로 빠르게 옮길 수 있습니다. 아이패드에서 만든 파일들을 저장 장치에 옮기지 않고 실시간으로 이동할 수 있기 때문에 작업 시간을 많이 단축시켜주는 유용한 기능입니다.

윈도우 사용자 파일 옮기기 팁

윈도우 운영체제에서는 Send Anywhere란 앱을 이용해서 실시간으로 파일을 옮길 수 있습니다. 또는 카카오톡 대화방의 파일전송 기능을 이용해서도 옮길 수 있습니다.

아이패드의 단점

이렇게 장점이 많은 아이패드에도 단점은 존재합니다. 제가 굳이 찾은 단점은 이렇습니다.

● 오랜 작업 시 목과 어깨에 무리가 와요

아이패드는 보통 책상 위에 두고 사용하면 고개를 아래로 숙이게 되어 장시간 작업 시 목과 어깨에 무리를 주게 됩니다. 그러므로 장시간 작업 시에는 중간중간 스트레칭을 하거나 휴식을 취하는 것이 좋습니다. 눈높이에 맞는 거치대를 구입하여 사용하면 목과 어깨에 무리를 덜 수 있습니다.

● 가격이 저렴하지 않아요

가장 최근에 출시한 아이패드프로 4세대 12.9인치의 경우 가장 저렴한 모델이 100만원이 넘습니다. 아이패드를 구입하는 가장 큰 장벽은 가격이라고 생각합니다. 하지만 아이패드는 이제 키보드와 마우스 사용이 가능해지고, 노트북과의 구분이 모호해져서 컴퓨터를 구입한다고 생각하면, 그렇게 높은 비용은 아닐 것입니다. 또한 2~300만원대를 호가하는 액정 타블렛의 금액과 비교해도 그렇게 큰 금액은 아닙니다.

아이패드의 이모티콘 작업 과정

그렇다면, 아이패드에서의 작업 과정은 어떻게 진행될까요? 저의 아이패드를 이용한 작업 과정을 간단하게 짚고 넘어가겠습니다.

1. 프로크리에이트 / 클립스튜디오 앱으로 스케치

2. 프로크리에이트 / 클립스튜디오 앱으로 외곽선 따기, 채색하기

3. 프로크리에이트 / 클립스튜디오 앱으로 움직이는 동작 만들기 (움직이는 이모티콘)

4. PC의 포토샵 또는 포토스케이프로 움직임 속도 조절하기 (움직이는

이모티콘)

5. 제안하기

6. (승인 후) 포토샵, PC 프로그램(카카오 제공)으로 이모티콘 파일 저장
   하기

이렇게 여섯 가지 단계로 정리할 수 있습니다. 작업 방식에 따라서 PC가 필요한 4번 과정을 생략하고서도 제안까지는 충분히 가능합니다. 사실상 제안 파일을 만드는 모든 과정을 아이패드 내에서 해결할 수 있기 때문에, 저의 경우에는 이모티콘 제안 직전에 PC를 켜곤 합니다. 다만 승인 후에는 필수적으로 PC가 있어야 가능한 작업이 있습니다.

아이패드는 어떤 것을 구입해야 할까

아이패드를 구입하기로 결정했다면 또다시 궁금한 점이 생길 것입니다. 화면 크기는 어떤 것이 좋을지, 용량은 어느 정도나 되어야 할지, 버전은 어떤 것이 좋을지….
저는 아이패드 프로 2세대 10.5인치 128기가바이트 모델과 아이패드 프로 3세대 12.9인치 64기가바이트 모델을 사용해보았습니다. 모든 아이패드 제품의 장단점을 알지 못하기에 제가 사용한 선에서 몇 가지 정보를 말씀드리겠습니다.

● 화면은 클수록 좋습니다
그림을 그리는 용도로 사용하려면 화면은 12.9인치가 좋습니다. 이모티콘 그림 크기가 작기 때문에 작업 화면이 작아도 된다고 생각할 수 있지만, 실제 작업은 실제 사이즈보다 큰 캔버스에서

실제 작업 공간
(캔버스)

작업을 해야 합니다. 또한 클립스튜디오는 캔버스 외 다른 작업
공간도 필요하기 때문에 캔버스는 실제 화면 크기보다 작을 수밖
에 없습니다. 그러므로 아이패드 화면은 클수록 좋습니다.

● 애플 펜슬 2세대 제품이 더 편합니다

애플 펜슬 1세대	애플 펜슬 2세대
iPad Air (3세대) iPad mini (5세대) iPad (6, 7세대) 12.9형 iPad Pro (1, 2세대) 10.5형 12.9형 iPad Pro 9.7형 12.9형 iPad Pro	12.9형 iPad Pro (3, 4세대) 11형 iPad Pro (1, 2세대)

각 애플 펜슬은 호환되는 아이패드가 정해져 있으므로, 이미 아이패드를 가지고 있다면 호환되는 애플 펜슬을 구입하면 됩니다. 1세대의 애플 펜슬은 충전을 하기 위해 아이패드에 꽂아야 하는 불편함이 있습니다. 또한 크기가 2세대보다 더 크고 무거워서 작업 시 다소 부담스러운 느낌이 있습니다. 2세대의 애플 펜슬은 기기에 붙여 보관하는 동안 자동으로 충전되며, 펜슬 몸체를 터치해서 단축 기능을 실행할 수 있습니다. 개인적으로는 충전과 사용이 편한 2세대 애플 펜슬을 더 추천합니다.

● 저장용량은 클수록 좋지만, 너무 클 필요는 없습니다

저장용량은 큰 제품이 당연히 좋지만, 용량이 두 배 커질 때마다 가격이 20만 원 정도 더 높아집니다. 이모티콘 파일은 그림 파일이며, 움직이는 이모티콘 파일이라도 해도 용량이 그렇게 크지 않기 때문에 저는 64기가바이트 제품을 사서도 잘 사용하고 있습니다. 다만 용량이 다 찼을 경우에는 백업을 해야 하는 번거로움은 있습니다.

저는 아이패드 판매 전문가는 아니기 때문에 가장 좋은 구매 방법은 직접 판매 매장을 방문하셔서 이것저것 비교하며 사용해보고 구입하시는 것을 추천합니다.

클립스튜디오 vs. 프로크리에이트

아이패드로 이모티콘을 제작하는 분들을 보면 보통 '클립스튜디오'와 '프로크리에이트' 두 앱 중 하나를 사용합니다. 두 앱 모두 장단점이 있기에 비교하면서 설명해보도록 하겠습니다.

클립스튜디오

 클립스튜디오는 애니메이션에 특화된 프로그램입니다.
'어니언 스킨'과 '애니메이션 폴더' 등 효율적인 애니메이션 기능이 있어 작업 시 편리하게 캐릭터의 움직임을 그릴 수 있습니다.

포토샵과 비슷하게 많은 기능을 보유하고 있어서 초반에 사용 방법을 익히는데 다소 시간이 걸리는 편입니다. 하지만 실제 이모티콘을 만드는 데에 사용하지 않는 기능(주로 웹툰 제작에 사용)이 많아서 생각보다는 복잡하지 않습니다. 이 책에서는 2부 〈실전〉 편과 3부 〈따라해보자!〉에서 클립스튜디오를 이용해 이모티콘 만드는 방법을 상세하게 안내했습니다.

클립스튜디오의 가장 큰 단점은 '비용'입니다. 아이패드의 클립스튜디오는 PC 버전과 달리 '구독 형식'이기 때문에 일정 금액을 지불하고 정해진 기간만 사용할 수 있습니다. 첫 사용 시 3개월 무료사용 권한을 주기 때문에 충분히 사용해보고 구매해도 좋습니다. 저는 클립스튜디오를 3개월간 사용했고 현재는 1년 단위로 구독하고 있습니다. 클립스튜디오의 또다른 단점은 애니메이션의 타이밍을 섬세하게 조절할 수 없다는 것입니다.

* 2020년 8월부터 갤럭시탭(안드로이드)에서도 클립스튜디오 사용이 가능해졌습니다.

프로크리에이트

 프로크리에이트는 회화 전용 앱입니다. 하지만 5 버전 업데이트를 통해, 움직이는 이모티콘도 제작 가능한 '애니메이션 어시스트' 기능이 추가되어 새로운 사용자들이 늘어나고 있습니다.

프로크리에이트는 화면 구성이 단순하고 구매 비용이 저렴하여 초보자들도 쉽게 접근할 수 있다는 장점이 있습니다. 하지만 단순한 만큼 그림을 효율적으로 그릴 수 있는 기능은 부족하여 다소 불편한 점이 있습니다.

장인은 도구 탓을 하지 않는다고 하지만, 분명 어떤 앱을 사용하느냐에 따라 작업 시간과 효율이 달라지는 것은 사실입니다. 2부 〈실전〉 편에서는 클립스튜디오로 이모티콘을 만드는 법을 안내

합니다. 프로크리에이트는 사용 방법이 간단하여 금세 익힐 수
있습니다. 유튜브 등에서 '프로크리에이트 강좌'를 검색하면 좋은
강의를 찾아볼 수 있습니다.

	클립스튜디오		프로크리에이트
장점	- 움직이는 이모티콘을 만들기 좋다 - 효율적으로 그림을 그릴 수 있다		- 조작이 쉽다 - 가격이 저렴하다
단점	- 지속해서 비용이 발생한다 - 조작을 익히기가 어렵다		- 작업의 효율성이 다소 떨어진다 - 그림을 수정하기 어렵다
비용 (기기 1대 플랜 / 2022년 1월 기준)	EX 월정액	10,500원	12,000원 (한 번 구매 후 추가 비용 없음)
	EX 연간 이용액	84,000원	
	PRO 월정액	5,000원	
	PRO 연간 이용액	30,000원	
난이도	보통 ~ 어려움		낮음
표현의 자유도	표현이 자유롭고 세밀한 수정이 가능함		표현은 자유로우나 수정이 세밀하지 못함

클립스튜디오 PRO와 EX 버전의 차이점

이모티콘 제작에서는 크게 차이가 나지 않지만, 가장 큰 차이점이
라면 애니메이션 프레임이 PRO 버전에서는 24개까지만 만들어진
다는 점입니다. 그러나 카카오 이모티콘 프레임 수도 24프레임으로
제한되기 때문에, 이모티콘 제작에는 무리 없이 사용 가능합니다.
이모티콘 제작만을 위해서는 PRO 버전 구입을 추천합니다.

자주 묻는
질문 모음

Q. 아이패드만으로 이모티콘 제작이 가능한가요?

A. 물론입니다. 아이패드 클립스튜디오나 프로크리에이트 앱을 이용하면 제작 가능합니다. 다만, 애니메이션을 더욱 완성도 있게 하기 위해서는 포토샵이나 포토스케이프 등의 PC 프로그램을 이용하면 좋습니다. 이모티콘 승인 이후에는 카카오 측에서 PSD파일을 요구하기 때문에 PC의 포토샵 이용이 필수적입니다.

Q. 제안 후 결과 메일은 얼마 만에 오나요?

A. 제안 후 2주 정도는 있어야 결과 메일이 옵니다. 하지만 심사에 따라 1주일이 안 걸리기도, 명절 등이 끼어 있는 주에는 더 오래 걸리기도 합니다.

Q. 제안하면서 실수를 했는데 어떡하죠?

A. 안타깝지만 다시 제안해야 합니다. 이모티콘 제안은 취소할 수 없기 때문에 다시 제대로 제안하는 방법밖에 없습니다. 제안하기 버튼을 클릭하기 전에 여러 번 확인하는 것이 좋겠습니다.

Q. 이모티콘으로 얻는 수익은 얼마인가요?

A. 뻔한 대답이지만 천차만별입니다. 이모티콘 출시 이후에 오랜 기간 꾸준히 판매되는 이모티콘도 있는가 하면, 일주일도 지나지 않아 하루 판매량이 10개도 되지 않는 경우도 있습니다. 따라서 수익도 적게는 용돈 정도에서 많게는 몇십 배까지도 발생합니다.

Q. 미승인된 이모티콘을 다시 내도 괜찮은가요?

A. 큰 변화 없이 다시 내는 것은 추천하지 않습니다. 다시 제안할 때에는 이전 제안에서 부족했던 점을 확실히 보강하는 게 좋습니다. 주변 지인에게 최대한 많이 솔직한 피드백을 듣는 것을 추천드립니다. 하지만 심사에서 탈락한 이유는 알 수 없으므로 여러 번 재도전해도 미승인 받는 경우가 많습니다. 애정이 많은 캐릭터나 컨셉이라면 후회없이 재도전 해보세요.

Q. 이모티콘을 다 만드는 데에는 얼마나 시간이 걸리나요?

A. 개인마다 다릅니다. 저는 제안 파일을 만드는데 최소 1~2주, 승인 이후 최종 파일을 만드는 데는 3~4주 정도 걸립니다. (움직이는 이모티콘의 경우) 간단한 그림, 멈춰있는 이모티콘이라면 훨씬 더 짧은 시간에 완성할 수 있습니다.

Q. 카카오에서 출시한 이모티콘을 다른 플랫폼에 제출해도 괜찮나요?

A. 카카오에서 출시한 이모티콘은 불가능합니다. 카카오 이모티콘에 승인이 나면, 여러 번의 검수 과정에서 기존에 만든 이모티콘이 더욱 발전된 형태로 변화하게 됩니다. 이렇게 완성된 이모티콘은 다른 곳에서 출시하면 안 됩니다. 카카오 측의 손길이 더해졌기 때문입니다.

대신 카카오에서 미승인된 이모티콘이나 카카오의 피드백이 더 해지지 않은 이모티콘은 다른 플랫폼(라인, 모히톡, OGQ마켓 등)에 제안 가능합니다.

Q. 이모티콘의 유형을 바꿔서(멈춰있는, 움직이는, 소리나는, 큰이모티콘) 제안해도 되나요?

A. 물론입니다. 예를 들어 움직이는 이모티콘이 미승인되었을 때 이모티콘 개수를 8개 더 늘려 멈춰있는 이모티콘으로 제안해도 상관없습니다. 다만 같은 컨셉과 내용의 이모티콘은 중복해서 제안해도 동시에 승인되지는 않습니다.

Q. 제안 시 움직이는 이모티콘 파일은 꼭 3개만 만들어야 하나요?

A. 그렇지 않습니다. 최소 파일 개수가 3개이므로 24개를 다 만들어 제안해도 상관없지만 미승인 될 경우 타격이 큽니다. 3개의 파일을 최대한 완성도 있게 만드는데 에너지와 시간을 쏟고, 여유가 있다면 몇 개 더 제작하는 것이 효율적이라고 생각합니다.

Q. 움직이는 이모티콘 GIF 파일에서 캐릭터 주변이 깨끗하지 않은데, 어떻게 하면 좋을까요?

A. 카카오 이모티콘의 GIF파일 제안 형식은 '배경이 흰색인' 움직이는 이모티콘입니다. 따라서 캐릭터 배경을 흰색으로 깔고 제작해야 합니다.

Q. 움직이는 이모티콘은 보통 몇 프레임 정도 되나요?

A. 최소 2프레임부터 최대 24프레임까지 다양합니다. 프레임이 늘어나면 동작은 훨씬 부드러워집니다. 이모티콘 컨셉에서 사실감이 필요하거나 복잡한 동작이 필요하면 최대한 24프레임을 다

활용하시는 것이 좋겠습니다.

Q. 움직이는 이모티콘 시간은 어느 정도 돼야 하나요?

A. 프레임이 몇 개인지, 프레임 당 시간이 얼마인지에 따라서 다릅니다. 카카오 이모티콘은 4회 반복되기 때문에, 보통 1회 길이가 1~2초 사이로 짧게 제작하는 것이 좋습니다. 한 동작이 너무 길면 짧은 시간 안에 감정이나 메시지를 표현할 수 없습니다.

Q. 저작권 등록은 꼭 해야 하나요?

A. 작가의 자유입니다. 이모티콘이 출시되고 혹시 모를 저작권 분쟁에 휘말리는 경우에는 저작권이 법적으로 도움이 될 수 있습니다. 등록 비용이 2만 원 내외로 비싸지 않으므로 이모티콘이 승인되면 저작권을 등록하는 것도 나쁘지 않습니다.

PART 2

실전

이모티콘 구상하기

이모티콘을 만들자! 라고 결심은 했지만, 뭐부터 해야 할지 막막하신가요? 이번 장은 이모티콘을 구상하는 과정을 소개합니다. 사실 이모티콘 구상은 체계적으로 진행되기보다는 하나의 아이디어를 중심으로 서서히 만들어집니다.

그 구상의 과정에서 꼭 짚고 넘어가야 할 부분은 있습니다. 아래의 다섯 가지 내용을 읽어보시면서 평소에 간과했던 부분은 없는지 한 번 점검하시면 좋겠습니다.

캐릭터부터 구상하기

평소 캐릭터 그리기를 좋아하거나 기존에 다른 매체(웹툰 등)를 통해 노출한 내 개인 캐릭터가 있는 분이라면 캐릭터에서 출발해 이모티콘을 만드는 경우가 많습니다. 기존 캐릭터를 주인공으로 어떤 이모티콘을 만들지 고민을 시작하는 것이죠. 이렇게 캐릭터부터 구상하는 경우 이모티콘의 강점 요소는 캐릭터가 됩니다. 컨셉은 약하더라도 정체성이 또렷한 캐릭터가 있으므로 이모티콘의 구성이 통일성 있고 매력이 확실합니다. 하지만 '캐릭터'가 전부라고 한다면 자칫 평범한 이모티콘이 나올 위험이 있습니다.

제 이모티콘 중에서는 '숲 속의 귀요미 람찌'가 캐릭터부터 만든 이모티콘입니다. 귀여운 다람쥐 캐릭터를 만들고 나서, 캐릭터를 이용해 다양한 감정과 메시지를 담았습니다. 하지만 캐릭터에서 시작해서 이모티콘을 완성하고 보니, 어딘가 평범해 보이는 느낌은 지울 수 없었습니다. 캐릭터는 귀엽지만, 그 이상의 매력은 뽑아내지 못한 것 같았습니다. 캐릭터로 이모티콘을 만들 때는 캐릭터로 표현하고자 하는 컨셉도 명확히 하시는 것이 좋습니다.

캐릭터를 창작하려면 우선 다양한 캐릭터를 보고, 그려봐야 합니다. 특히 이모티콘 캐릭터의 경우에는, 이모티콘에서 사용하는 '이모티콘 캐릭터'들을 연구해야 합니다. 카카오 이모티콘샵에는 셀 수 없이 많은 캐릭터가 존재합니다. 어떤 캐릭터는 생김새만 봐도 귀여움이 흘러넘치고, 어떤 캐릭터는 생긴 모습만 봐도 웃음이 나옵니다. 이 수많은 캐릭터의 바다에서 오롯이 존재를 뽑아낼 나만의 캐릭터. 쉽지 않은 길이지만 그만큼 창작자로서 의미 있는 일이기도 합니다.

● 이모티콘 캐릭터의 특징

현재 이모티콘 시장에 존재하는 캐릭터는 생김새에 따라 크게 세 부류로 나눠볼 수 있습니다.

〈동물 캐릭터〉

| 숲 속의 귀요미 람찌 - 써노 | 안녕..? 나는 춘삼이! - 곰곰 | 떼굴떼굴 떼기티콘 - 떼기 |

이모티콘샵을 살펴보면 유난히 눈에 많이 띄는 동물이 있습니다. 토끼, 고양이, 강아지는 이모티콘 시장을 대표하는 동물들입니다. 이 동물들뿐만 아니라, 다람쥐, 물개, 해달, 병아리, 곰, 오리 너구리, 미어캣, 오리, 새, 원숭이 등의 동물들도 있습니다. 동물 캐릭터의 가장 큰 특징은 단순하고 귀여운 외모입니다. 신체 비율이 대부분 1:1에 단순한 이목구비를 가지고 있습니다. 또한, 대부분 흰색의 외모를 가지고 있는데요. 어떤 배경의 채팅창에서도 잘 보일 수 있다는 장점 때문이라고 볼 수 있습니다. 하지만 개성이 약해지는 단점도 있어 개성 있는 색으로 등장하는 동물 캐릭터도 있습니다.

박대리의 오바스런 봄날 - 찬비   끔찍한 늬에시 - 철새   트롯킹 : 멋진 인생 - 써노

사람 캐릭터는 동물 캐릭터보다는 그 특징이 다양합니다. ❶ 실제 사람과 유사할 만큼 사실적으로 그린 캐릭터, ❷ 웹툰이나 유튜브 등에 등장하는 사람 캐릭터, ❸ 특정 직업이나 신분을 대표하는 사람 캐릭터, ❹ 유명인의 캐릭터, ❺ 단순한 사람 캐릭터 등이 그것입니다. 사람 캐릭터는 '귀여움'보다는 '재미(병맛)' 컨셉의 이모티콘에서 많이 보입니다. 귀여움에서 탈피해 더 과장되고 사실적인 표현을 할 수 있다는 특징 때문에 마니아층이 존재합니다. 하지만 동물 캐릭터보다 신체 비율이 더 복잡하기 때문에 제작 시 많은 기술과 시간이 필요합니다.

〈물건, 과일 등 기타 캐릭터〉

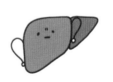

귀염뽀짝 아무말대잔치 - 실버벨   잔소리티콘 - 노페이퍼   용감한 친구들 용감해! - 고감

물건, 과일 등의 기타 캐릭터는 상대적으로 이모티콘 시장에서 차지하는 비중이 작고 사용되는 스타일도 한정적인 편입니다. 주로 말장난에 사용되는 단어를 기반으로 한 물건, 과일에 눈코입을 넣어서 살아있는 생명처럼 표현하는 것입니다. 이러한 캐릭터는 강력한 컨셉을 바탕으로 하기 때문에, 캐릭터로부터 출발해 이모티콘을 만들기에는 다소 어려움이 있습니다.

● 통일성 있는 캐릭터 그리는 방법

모든 캐릭터는 저마다 개성이 있고, 생김새에도 이유가 있습니다. 사람이 각자 다르게 생긴 것과 비슷한 이치죠. 하지만 창작한 캐릭터가 어떻게 생겼든 간에, 하나의 이모티콘 상품 안에서는 통일성 있는 모습을 보여줘야 합니다.

캐릭터의 통일성이 깨진 예
캐릭터의 눈과 입 모양이 달라, 다른 캐릭터의 느낌을 줌

통일성 있는 캐릭터를 그리기 위해서는 캐릭터에 몇가지 제약을 정해놓는 것이 좋습니다. '제약'이란 캐릭터가 다양하게 변화해도 끝까지 지켜져야 하는 요소입니다. 예를 들어 단순하고 귀여운 얼굴이 매력인 캐릭터에 갑자기 콧구멍이 생긴다든지 눈썹이 과하게 들어가는 이모티콘이 있으면 전체적인 통일성이 깨집니다. 따라서 캐릭터의 다양한 감정과 동작들이 캐릭터의

기본 생김새와 성격에 지나치게 벗어나지 않도록 주의하며 그려야 합니다.

미소는 깨발랄랄 - 써노

캐릭터의 외모를 의도적으로 변형한 예
소녀 캐릭터의 얼굴을 우락부락하게 표현해서 웃음을 유발함

단, 작가의 의도에 의해 반전의 요소로 표현하는 경우도 있으니 너무 틀에 갇히는 것도 재미를 반감시킬 수 있습니다.

캐릭터를 통일성 있게 그리는 또 다른 방법은 캐릭터의 비율을 일정하게 그려주는 것입니다.

저는 보통 세 개의 비율 선을 이용해 캐릭터의 비율을 유지해서 그리곤 합니다. ❶ 캐릭터의 머리 윗선, ❷ 목 부분의 선, ❸ 발끝의 선을 그어 놓고 그 캐릭터의 여러 모습을 그리면 전체적으로 일정한 느낌의 캐릭터가 그려집니다. 아무런 선이 없는 백지에 스케치하다 보면 완성했을 때 캐릭터의 크기와 비율이 저마다 달라 수정해야 할 사항이 많이 생길 수 있으니, 스케치 단계부터 비율을 맞추어 그리기를 추천해 드립니다.

컨셉부터 구상하기

컨셉부터 구상하기는 캐릭터보다 컨셉을 먼저 구상하고 그에 맞는 캐릭터를 만드는 방식입니다. 이해를 돕기 위해 제 이모티콘 중 하나인 핵병아리를 예로 들어 설명해보겠습니다.

핵병아리의 사회생활 리액션 - 써노

'핵병아리의 사회생활 리액션'은 '사회의 막내, 가족의 막내, 학교의 후배 등 손아랫사람들이 대화방에서 사용할 이모티콘'이라는 컨셉으로 출발했습니다. 컨셉에 맞는 24개의 멘트를 짜고 나니 그 멘트를 표현할 캐릭터가 필요해졌습니다. 이 단계에 다다르자 고민이 생겼습니다.

'사회생활과 관련된 캐릭터니 사람 캐릭터로 그림을 그려볼까?'

'사람들이 좋아하는 토끼나 고양이로 그려볼까?'

고민하는 과정에 단어 하나가 번뜩 떠올랐습니다. 바로 '햇병아리'라는 단어였습니다. 햇병아리는 갓 부화한 병아리이지만, 경험이 적고 서투른 사람, 풋내기라는 뜻도 있어서 제가 잡은 컨셉과 꽤 어울리는 단어였습니다. 그래서 저는 '병아리'로 캐릭터를 만들기로 결정했습니다. 하지만 병아리만으로는 '사회생활'이라는 다소 인간적인 컨셉을 나타내기가 어려웠고 최종적으로는 '병아리 옷을 입은 사람 캐릭터'가 탄생했습니다. 이름 또한 '햇병아리'에서 더 과장되고 재미있는 '핵병아리'로 변형했습니다.

이처럼 만들고자 하는 이모티콘의 컨셉을 설정하고 나면, 거기에 딱 맞는 캐릭터가 떠오르기도 합니다. 컨셉이 뚜렷하고 개성이 강하다면, 캐릭터는 조금 단순하게 표현하는 것도 좋은 방법입니다. 단순한 사람 모양에서 출발해 소품이나 의상으로 그 컨셉을 조금 더하는 방식이죠.

컨셉으로 이모티콘을 만들기 위해서는 이모티콘을 한마디로 표현할 수 있는 컨셉 문장이 필요합니다.

- 무엇을 하자고 제안하는 이모티콘

- 아싸(아웃사이더)의 생각을 표현하는 이모티콘

- 서로 존댓말 하는 부부끼리 주고받는 이모티콘

- 만사가 귀찮고 게으른 성격의 사람이 쓰는 이모티콘

- 캐릭터가 귀엽고, 보고 있으면 힐링 되는 이모티콘

- 트로트 가수처럼 신나고 과장된 감정을 표현하는 이모티콘

제가 출시한 이모티콘은 위와 같은 컨셉을 이모티콘으로 표현했습니다. 개중에는 컨셉이 강한 것도 있고, 컨셉이라고 하기에는 모호한 것도 있습니다.

컨셉은 이모티콘을 만들 때 이정표와 같은 기능을 합니다. 이렇게 그리는 게 맞나? 이 멘트가 맞나? 하고 의심이 들 때는 컨셉을 다시 떠올려보세요. 끊임없이 빼고 추가하며 하나의 컨셉으로 통일된 이모티콘을 만들어 나가야 합니다. 컨셉이라는 또렷한 이정표가 있어서 '컨셉부터 만들기' 방법은 많은 분이 사용하는 이모티콘 구상 방법입니다. 하지만 자칫 컨셉에 매몰되어 사용성이 낮거나 대중성이 낮은 이모티콘이 될 가능성이 있습니다. 그러므로 컨셉을 정할 때는 그 컨셉이 대중성이 있는지, 사용자가 너무 한정적이지는 않은지를 고민해봐야 합니다.

이모티콘 스타일 고민하기

캐릭터든 컨셉이든 내가 만들 이모티콘을 구상했다면, 조금 더 명확한 방향을 잡기 위해 이모티콘 스타일을 생각해보는 것이 좋습니다.

카카오 이모티콘샵에 들어가면 '스타일'이라는 탭이 있습니다. '스타일'은 카카오 이모티콘샵에 나오는 이모티콘을 다양한 분류로 나눠놓은 것입니다. 이는 작가가 정하는 것이 아니라 카카오에서 정해서 출시하지만, 스타일에 대해 미리 생각하면서 만들면 이모티콘을 더 정확하게 만들 수 있습니다. 하나의 이모티콘에는 보통 2개 이상의 스타일이 붙습니다.

웹 이모티콘샵　　　　　모바일 이모티콘샵

물론 스타일은 이모티콘의 가장 대표적인 특징으로 분류한 것이기 때문에 이모티콘의 컨셉을 이 '스타일'로만 잡는 것보다는, 컨셉을 확정하고 강화하는 용도로 살펴보시면 좋겠습니다.

이모티콘샵에 나와 있는 스타일은 크게 열 가지입니다. 지금부터 하나씩 자세히 살펴보겠습니다. (2020년 7월 카카오 이모티콘샵 기준)

● MD추천
카카오 이모티콘샵 첫 화면에 매일 소개되는 MD추천 이모티콘을 모아놓은 스타일입니다. 신규 이모티콘 중 독특하고 개성있는 컨셉이 주로 추천됩니다. 트렌드 이모티콘을 파악하기 위해서 MD추천 스타일을 참고하면 좋겠습니다.

● 선물하기 좋은
이 스타일은 말 그대로, 누군가에게 선물하기 좋은 이모티콘들을 묶어 놓은 스타일입니다. 가족끼리 선물하기 좋은 #엄마_아빠에게, #딸_아들에게 스타일과 연인에게 선물할 수 있는 #커플에게, 친구나 직장동료에게 선물할 수 있는 #직장인에게, 특정 집단의 사람들이 쓰기 좋은 #학생에게, #군인에게, #취미모임_회원에게 스타일이 있습니다. 이모티콘을 구상할 때 '선물용' 이모티콘 컨셉이 떠오르신다면 이 스타일을 참고해 보세요.

1) 엄마_아빠에게 / 딸_아들에게

엄마와 딸 (엄마ver.)　　딸이 말해요 "엄마 사랑해~"　　동생사랑! 동생바라기
- 이거면 다 되지　　　　　　- 연서　　　　　　　　　　- 미이

꾸준하게 사랑받는 가족 관련 이모티콘들이 속한 스타일입니다. 엄마, 아빠, 딸, 아들, 형제, 자매, 남매, 심지어 조카와 할머니까지. 가족애가 끈끈한 한국 사람들이 가족과 대화하기 위해 쓸 수 있는 많은 이모티콘이 꾸준히 출시되고 있습니다.

2) 커플에게

여보랑 톡톡! 댕댕 부부 (아내)　　글로 배운 연애의 정석　　댜가 타당해 4탄
- 써노　　　　　　　　　　　- 노페이퍼　　　　　　　- 김나무

이모티콘샵에서 인기가 많은 스타일입니다. 아무래도 온종일 대화방에서 대화를 나누는 상대는 사랑하는 연인이기 때문이겠죠? 커플 이모티콘은 서로 선물하기에 좋아서 출시 이후에도 판매율이 꾸준하게 유지된다는 장점이 있습니다. 대중들에게 오래 사랑받기 좋은 스타일입니다.

3) 직장인에게

핵병아리의 사회생활 리액션
- 써노

박대리의 기분은 다이나믹해!
- 찬비

퇴준생티콘
- 김나무

직장생활에서 느끼는 감정과 생각을 표현하는 이모티콘 스타일입니다. 성실한 직장인, 일에 지친 직장인, 특정 직업군 등 직장인 스타일 안에서도 다양한 컨셉의 이모티콘을 볼 수 있습니다. 하루의 대부분을 직장에서 보내는 현대인들이 쓰기 좋게 메시지를 잘 구성한 이모티콘들을 볼 수 있습니다.

4) 학생에게

시험티콘 - 김나무

1반 칭구들 - 연서

공부하다 미친 댕댕이 - 연서

10대 중고등학생과 20대 대학생들을 타깃으로 한 이모티콘들이 속해 있습니다. 따라서 1020 세대가 좋아하는 귀엽거나 단순한 느낌의 캐릭터로 된 이모티콘을 많이 볼 수 있습니다. 시험, 특정 전공, 선생님, 학생 등 학교와 관련된 다양한 이모티콘이 꾸준하게 쌓이고 있습니다.

5) 군인에게
군대에서 휴대폰 사용이 가능해지면서, 군인들도 이모티콘을 사용할 수 있게 되었습니다. 군인들이 사용할 수 있는 이모티콘을 기획한다면 이 스타일의 이모티콘들을 많이 살펴봐야겠습니다.

6) 취미모임_회원에게
이 스타일은 특정 집단의 사람들이 '단톡방'에서 쓰기에 유용한 이모티콘을 분류해 놓았습니다. 축구 동호회, 헬스장, 배드민턴 동호회, 게임 동호회 등 다양한 취미모임의 이모티콘을 볼 수 있습니다. 이러한 이모티콘은 기획 단계에서부터 특정 집단의 성격과 사용 멘트를 잘 고려해야 합니다. 다만 대중성이 비교적 낮기 때문에 많은 판매로 이어지기는 어렵다고 생각합니다.

● 재밌는
재밌는 스타일에는 #드립치는, #표정이_살아있는, #정겨운, #말장난, #단순하게_생긴, #길쭉길쭉한, #뼈때리는, #시크한 세부 스타일이 포함됩니다. 여러분의 이모티콘이 귀여움보다는 재밌는 스타일이라고 생각한다면 이 스타일 안에서 어디에 속하는지 생각해봅시다.

1) 드립치는

느에시 패밀리
- 철새

운동 이즈 마이 라이프
- 민소매곰

우리집 바둑이는 물어요
- 왈왈왈

캐릭터보다는 컨셉이 아주 강한 이모티콘 스타일입니다. 주로 인터넷이나 사회의 유행어를 멘트로 하고, 특정한 신분이나 성격을 끝까지 밀어붙인 이모티콘들을 볼 수 있습니다.

2) 표정이_살아있는

시베리아에서 굴까라 그래!
- 단발 신사 숙녀

트롯킹 : 멋진 인생
- 써노

일상이 시트콤! 박대리의 직장생활
- 찬비

이 스타일은 주로 '로토스코핑' 기법으로 만들어진 캐릭터가 많습니다. 실제 사람과 비슷하게 사실적인 표정으로 표현된 이모티콘입니다. 표정을 잘 보여주기 위해서 주로 캐릭터의 상반신 위주로 표현되며 #재밌는 스타일 안에서도 인기가 많은 이모티콘입니다.

3) 정겨운

이 스타일은 정겹다는 말에서 느낄 수 있듯이 중장년층을 타깃으로 한 이모티콘이 많습니다. 사투리, 아주머니, 할머니, 복고 감성, 조선 시대 등의 컨셉으로 만들어진 이모티콘으로 중장년층에서 인기가 많은 스타일입니다.

4) 말장난

이 스타일은 '말장난'으로 감정과 생각을 전달하는 이모티콘들입니다. 주로 언어유희 멘트를 그림으로 재미있게 표현한 재기발랄한 이모티콘입니다. 따라서 중심 캐릭터가 존재한다기보다는 멘트에 맞는 사물/과일/동물 캐릭터가 등장하는 이모티콘이 많습니다.

5) 단순하게_생긴

짱이다요

다요토끼
- 자홍

재밌네一

억지군 대답콘
- 에렘

열정적인 나의 사랑을 보여줄게
- 김나무

이 스타일은 캐릭터의 생김새가 평범하고 '금방 그린 듯한' 느낌을 주지만 그 때문에 더 웃음을 유발하는 이모티콘들이 속해 있습니다. 생김새는 단순하지만 멘트나 동작을 더 과장되게 표현해서 컨셉에 더욱 집중한 이모티콘이라고 볼 수 있습니다. 그림에는 비교적 자신이 없지만, 컨셉이나 멘트 구성을 재미있게 할 수 있다면 이 스타일의 이모티콘을 많이 살펴보면 좋습니다.

6) 길쭉길쭉한

심심하구먼

애니멀 특전대 깐족깐족 찐깐족!
- 찬비

우리동네 바둑이
- 왈왈왈

자유를 찾아
갑니다

능구랭이 출신 독사같은 사람
- 단발 신사 숙녀

'#표정이_살아있는' 스타일처럼 로토스코핑을 이용해 표현한 이모티콘들입니다. 차이점은 캐릭터의 상반신보다는 전신이 자주

등장하고 표정보다는 몸짓으로 감정을 표현한다는 것입니다. 몸
개그에 자신 있다고 생각하시는 분들은 이런 스타일의 이모티콘
을 시도해봐도 좋겠습니다.

7) 뼈때리는

생각은 하고 사는 거지?
칙칙팩폭 ~ 팩트폭력배 나가신다!
- 실버벨

방금 건 무리수 같은데요...
중계티콘 - 찬비

이 스타일은 멘트가 아주 강력한 이모티콘들입니다. 친구 사이에
서만 사용이 가능할 것 같은 막말 느낌의 멘트로 구성된 이모티
콘이 많습니다. 10대에서 주로 인기가 많은 스타일입니다.

8) 시크한

먹고감
엄마와 아들 (아들ver.)
- 이거면 다 되지

아닌거 같은데-
억지군 대답콘
- 에렘

게으름, 무관심, 정색 등을 컨셉으로 한 이모티콘입니다. 이 스타

일로 출시한 이모티콘은 비교적 적은 편입니다. 아마도 대화방에서 '시크'하게 말하는 사람은 이모티콘도 쓰지 않을 확률이 높아 그런 게 아닐까 하는 추측을 해봅니다.

● 귀여운

귀여운 스타일에는 #동글동글한, #애교많은, #까불거리는, #상냥한, #샤방샤방한 세부 스타일이 들어갑니다. 여러분의 이모티콘 캐릭터가 귀엽다고 생각한다면 아래의 다섯 가지 스타일 중에서 어느 곳에 들어갈지 생각해보세요.

1) 동글동글한

앙글이는 앙글앙글해 - 호뚠   해달님 뭐 하세요? - SSAK   토란이를 보면 행복해져요 - HA

주로 컨셉이 강하지 않고 캐릭터의 귀여움이 강화된 이모티콘들이 들어갑니다. 보기만 해도 귀여운 느낌의 캐릭터가 주인공인 이모티콘이 많습니다.

2) 애교많은

댜댜 타당해 - 김나무   봄이 좋아? 좋아! - 모리   여보랑 톡톡! 댕댕 부부 - 써노

커플 사이에 쓸 수 있는 이모티콘들이나 애교스러운 말투의 이모
티콘이 들어갑니다. 이런 스타일의 이모티콘을 만들 거라면, 사
랑과 관련된 표현의 비중을 더 늘려 구성해야 합니다.

3) 까불거리는

사랑이 하고픈 얄라리 - 에렘   미소는 깨발랄랄 - 써노   왈왈! 데일리 시바몽즈 - 멜로우

귀여운 외모지만 과장된 행동과 장난스러운 멘트의 이모티콘들
이 들어갑니다. 주로 친구 사이에 쓸 수 있는 거친 멘트의 비중이
크다는 것을 알 수 있습니다.

명심하겠습니다
부모님께 보내는 아부티콘!
- 김나무

열심히 하겠습니다!
예의바른 동그랑 토끼
- 동그랑 토끼

새해 복 마닝
♥ 받으떼여 ♥
봄이가 전하는 새해인사
- 봄이

귀여운 외모에 주로 존댓말 멘트로 구성된 이모티콘이 많습니다. 명절 이모티콘이나 단톡방, 웃어른에게 쓸 수 있는 이모티콘이 많습니다. 3040을 겨냥하여 색감도 다양하고 화려한 편입니다.

5) 샤방샤방한
그림 스타일이 소위 '순정만화' 스타일이 많습니다. 캐릭터의 눈이 크고 화사하고 따뜻한 색감의 이모티콘으로, 여성 구매자의 선호 비중이 높습니다.

● 메시지
메시지 스타일은 앞서 말한 이모티콘과는 다른 또 하나의 장르라고도 볼 수 있습니다. 캐릭터보다는 '텍스트'가 주인공인 이모티콘입니다. 캘리크라피로 만들어지거나 독특한 글씨체를 중심으로 만들어진 이모티콘이 이 스타일에 들어갑니다. 세부 스타일로는 #다정한_메시지와 #색다른_메시지가 있습니다.

1) 다정한_메시지

행복은 가까이에.. 반려견의 사랑메세지
- 사랑그리기

늘, 함께해요.. 반려묘의 사랑메세지
- 사랑그리기

주로 꽃이나 동물 같은 소재의 손그림에 예쁜 손글씨로 긍정적인 메시지를 담은 이모티콘 스타일입니다. 꼭 그림이 아니더라도 캘리그라피에 자신이 있으시다면 이런 스타일의 이모티콘에 도전하시길 추천합니다.

2) 색다른_메시지

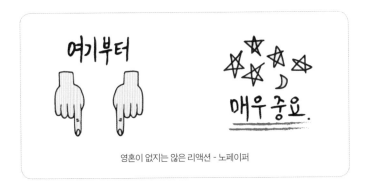

영혼이 없지는 않은 리액션 - 노페이퍼

텍스트를 주인공으로 하지만, 특정한 컨셉을 입힌 이모티콘입니다. 손글씨보다는 컴퓨터 그래픽을 통해 텍스트에 효과를 입힌 이모티콘이 많습니다.

● 일러스트

일러스트 스타일은 미술/디자인 세계에서 우리가 '일러스트'라고 부르는 스타일의 그림이 들어간 이모티콘을 말합니다. 다른 이모티콘보다 '회화적'인 요소가 더 들어가서 그림만으로도 더욱 개성이 느껴집니다. 이 스타일은 #비비드, #흑과백, #파스텔과 같이 그림이 주는 시각적인 느낌 위주로 분류되어 있습니다. 평소에 미술 작품을 창작하는 분들이 자신의 작품 스타일을 녹여내기에 좋습니다. 이모티콘샵 스타일 탭에서 다양한 #일러스트 스타일의 이모티콘들을 구경해보세요. 조금은 더 특별한 이모티콘들을 보실 수 있을 것입니다.

1) 비비드

일러스트 느낌 중에서도 색이 다양하고 화려한 이모티콘의 스타일입니다. 책의 삽화나 광고, 잡지에서 볼 수 있는 느낌의 매력 있는 그림들이 들어간 이모티콘이 비비드 스타일에 들어갑니다.

2) 흑과백

검정 선과 흰 채색으로 된 이모티콘의 스타일입니다. 유채색을 거의 뺀 그림이라 깔끔하고 현대적인 느낌을 주는 이모티콘들을 볼 수 있습니다.

3) 파스텔

외곽선이 없는 이모티콘 스타일입니다. 외곽선이 없는 대신에 내부 색이 밝고 산뜻한 느낌의 이모티콘을 많이 볼 수 있습니다.

● 카카오 공식

이 스타일은 카카오 자사 캐릭터 시리즈인 #카카오프렌즈와 #니니즈 캐릭터가 등장하는 이모티콘을 분류하는 스타일입니다. 오랜 기간 많은 대중에게 사랑받아온 대표 이모티콘인 만큼, 이모티콘의 기본을 공부하기에 좋은 스타일이라고 생각합니다.

● 동물

이 스타일은 앞서 설명들인 다양한 스타일에 더해, 추가로 붙는 스타일입니다. 동물이 스타일에 따로 정리된다는 것은 이모티콘 시장에 그만큼 '동물 캐릭터'가 많다는 뜻이겠죠?

#토깽이	#냐옹이	#댕댕이	#다른_동물들
사랑하자! 하자토끼! - 써노	말랑말랑! 리액션대장 마시멜로냥 - 멜로	복슬복슬 아기푸들이랑 놀아주세요! - SSAK	귀욤뿌짝 거북이, 부기 등장! 2 - 어나

#토깽이, #냐옹이, #댕댕이, #쨱쨱이, #곰돌이, #펭귄, #다람쥐와_찍찍이와 같이 대중성이 높은 스타일과 나머지 #다른_동물들로 분류되어 있습니다. 만약 특정 동물로 캐릭터를 만들 계획이라면 이 태그에 들어가서 만들고자 하는 캐릭터가 다른 캐릭터와 겹치지 않는지 살펴보는 게 좋습니다. 더불어 실제 동물과 캐릭터 동물이 어떻게 다른지, 어떤 식으로 간략하게 표현했는지도 체크해보시길 추천해 드립니다.

● 큰이모티콘

이모티콘 유형 중 하나인 '큰이모티콘'들만 모아놓은 스타일입니다. 큰이모티콘 스타일은 다른 이모티콘과 크기와 형식이 달라 특별한 이모티콘을 표현할 수 있습니다. 큰이모티콘을 기획했다면 이 스타일의 이모티콘들을 꼼꼼히 살펴보세요.

엄마랑 딸이랑 (엄마ver.)
- 이거면 다 되지

● 스타/인플루언서/만화

이 스타일은 웹툰이나 TV방송, 유튜브, 아프리카TV 등에 등장하는 유명인이나 유명 캐릭터를 주인공으로 하는 이모티콘들에 붙는 스타일입니다. 따라서 이러한 이모티콘은 출시하면 대부분 높은 순위를 기록합니다. 이모티콘에서 인지도가 얼마나 중요한지를 깨닫게 해주는 이모티콘들입니다. 주로 실제 인물을 소재로 하기 때문에 사진과 영상을 활용한 이모티콘이 많습니다. 또한 '펭수'나 '텔레토비' 같은 유명 캐릭터들로 만들어진 이모티콘도 볼 수 있습니다. 만화나 웹툰을 그리는 작가라면 자신의 작품 인지도를 이용해 이러한 스타일의 이모티콘을 만들어볼 수 있겠습니다. #인물, #캐릭터, #만화 스타일로 나뉘어 있지만, 그 구분은 크게 의미가 없는 편입니다.

이렇게 총 열 개의 이모티콘 스타일을 살펴보았습니다. 감이 좀 잡히시나요? 그렇다면 여러분이 만들고 싶은 이모티콘은 어디에 들어갈까요?

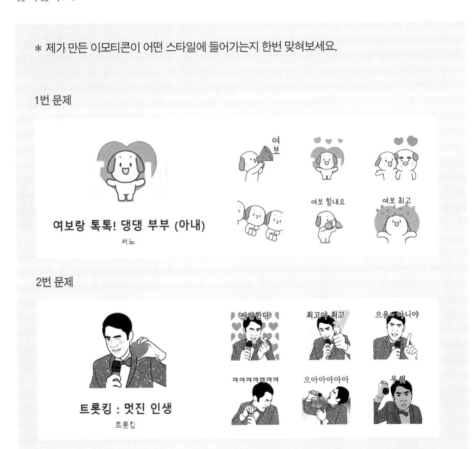

* 제가 만든 이모티콘이 어떤 스타일에 들어가는지 한번 맞혀보세요.

1번 문제

여보랑 톡톡! 댕댕 부부 (아내)
써노

2번 문제

트롯킹 : 멋진 인생
트롯킹

아마 정답을 쉽게 맞히셨으리라 생각합니다.

1번 정답 : #애교많은 #댕댕이 #커플에게
2번 정답 : #표정이_살아있는

어떤가요? 신기하게도 이모티콘이 두세 단어로 한 번에 정리되지 않나요? 바로 이것이 제가 '스타일'을 소개해드린 이유입니다. 예를 들어 '귀여운 개구리'라는 컨셉으로 이모티콘을 만들더라도 그 이모티콘의 스타일은 #까불거리는 이 될 수도 있고, #동글동글한 이 될 수도 있습니다. 스타일을 미리 정해놓고 작업한다면 조금 더 확실한 이모티콘을 만들 수 있지 않을까요?

앞서 캐릭터와 컨셉을 정하고, 이모티콘이 어느 '스타일'에 들어갈지 고민해보았다면 이제는 내 이모티콘을 누가 사갈지 정하는 순서입니다.

이모티콘 구매자 짐작하기

내 이모티콘을 누가 사갈지 어떻게 아느냐고요? 사실 저도 이모티콘을 출시해보면 예상과 다른 결과를 만나기도 합니다. 이모티콘은 컨셉과 구매자의 선호도가 딱 맞아떨어질 때 시너지효과로 이모티콘 판매량이 더 늘어날 수 있습니다.
이모티콘 구매자는 크게 세 가지 기준으로 살펴보겠습니다. 정답은 아니지만, 지금까지 이모티콘샵의 인기 순위를 살펴보면 어떤 경향성은 파악할 수 있습니다.

● 나이별 인기 이모티콘 특징

가장 특징적인 기준은 나이별 차이입니다. 모바일로 이모티콘샵에 들어가면 나이대별 이모티콘 인기 순위를 확인할 수 있습니다. 10대, 20대, 30대, 40대(이상) 총 네 연령층의 인기 순위를 보다 보면 연령대별 특징이 보입니다.

1) 10대에게 인기 있는 이모티콘은 주로 흰색의 단순한 캐릭터가 많습니다. 캐릭터가 흰색이라는 것은 대충 그렸다기보단, 상대적으로 간단한 캐릭터에 컨셉을 많이 녹인 이모티콘이라는 것입니다. 특히 10대 순위에서는 발 그림이라고 불리는 대충 그린 이모티콘이 높은 순위를 유지합니다. 또 웹툰이나 유튜브 등 인터넷의 유행이 반영된 이모티콘도 인기가 많습니다. 이모티콘의 스타일 중에서는 #드립치는, #장난이_격한, #만화, 까불거리는, #단순하게_생긴 등이 인기가 많습니다. 제작할 이모티콘이 10대에게 인기 있으리라 생각하면 이런 점들을 고려하는 게 좋습니다.

2) 20대에게 인기 있는 이모티콘도 10대와 크게 구분 짓기는 어렵습니다. 20대 역시 흰색으로 된 깔끔한 캐릭터들이 인기가 많습니다. 10대와 차이를 보면, 비교적 병맛(개그) 컨셉보다는 귀여움을 컨셉으로 한 이모티콘이 더 인기가 있습니다. 또 '커플' 이모티콘이 가장 인기를 끄는 연령층도 20대입니다.

3) 30대에게 인기 있는 이모티콘의 가장 큰 특징은 '병맛(개그)'입니다. 대부분이 직장인인 30대는 '사랑'보다는 '팍팍한 직장생활'과 '고된 가정생활' 속에서 웃음을 줄 수 있는 이모티콘을 더 많이 쓰기 때문이라고 추측할 수 있습니다. 30대에서는 #표정이_살아있는, #길쭉길쭉한 스타일의 이모티콘이 항상 상위권을 차지합

니다. 만약 로토스코핑 기법으로 이모티콘을 만들고자 하신다면 이러한 30대 연령층의 공감을 많이 끌어낼 수 있는 컨셉과 캐릭터를 잡는 것이 중요하다고 생각합니다.

4) 40대는 40대 이후의 모든 연령층이 포함된 이모티콘입니다. 이 연령층 인기 이모티콘의 가장 큰 특징은 '컬러풀'함과 '정감 가는 캐릭터'입니다. 할머니 할아버지나 어머니 아버지가 어린아이를 좋아하기 때문인지 귀여운 아이 캐릭터가 인기 있으며 자신을 대변할 수 있는 아주머니 캐릭터 등이 또렷한 색감으로 표현된 경우가 많습니다. 10, 20대에서 인기 있는 손 그림 느낌보다는 컴퓨터로 제작된 듯한 깔끔한 외곽선도 특징이라 할 수 있겠습니다.

● 성별 인기 이모티콘 특징

성별 이모티콘의 인기 순위는 확인할 수 없으므로 경향에 대해 말씀드리기 어렵습니다. 여자라고 해서 거친 캐릭터를 선호하지 않는다고 할 수 없고, 남자라고 해서 애교 있는 이모티콘을 선호하지 않는다고 할 수 없습니다. 따라서 이모티콘을 제작할 때에는 성별을 특정하는 것은 그다지 추천해 드리지 않습니다. 커플 이모티콘 또한 동물 캐릭터로 성별을 모호하게 표현하는 것이 세상의 모든 커플이 사용할 수 있어 좋겠습니다.

예외적으로 언니 이모티콘, 딸 이모티콘, 아들 이모티콘, 남편 이모티콘 등 특정 성별의 표현이 꼭 필요할 때에는 그 성별만이 공감할 수 있는 특징을 더욱 강조하는 것이 좋습니다. 예를 들어 여동생의 이모티콘에서 많이 보이는 '내 옷 입었지?' 라거나, 남편 이모티콘에서 많이 보이는 '야근' 표현 등이 그것입니다. 하지만 이 또한 성 관념에 간힌 표현으로 볼 수 있으므로 신중한 접근이 필요합니다.

● 직업, 학교 등 특정 집단을 대표하는 이모티콘 특징

최근 들어 출시되는 이모티콘들은 특정 집단을 컨셉으로 한 것들이 많습니다. 앞 장에서 설명한 #퇴준생에게, #일개미에게, #군인에게 #취미모임_회원에게 등의 스타일에 들어가 보면 의사, 간호사, 대리, 선생님, 디자이너, 웹 개발자, 마케터, 군인 등 다양한 직업을 컨셉으로 한 이모티콘을 볼 수 있습니다.

이러한 이모티콘들은 특정 집단에 소속한 사람들만이 공감할 수 있는 메시지로 구성되어 있어 집단 바깥 사람들의 공감을 불러일으키기는 힘들다는 한계가 있습니다. 따라서 이렇게 구매자가 한정적인 이모티콘을 구상하실 때에는 그 집단의 규모가 충분히 큰지, 그 집단의 특수성을 잘 반영했는지를 고려해야 합니다.

예를 들어, 이모티콘샵에 '초등학생' 컨셉의 이모티콘이 없는 것은 아무래도 이모티콘을 직접 구매하거나 사용하는 대상(초등학생)이 비교적 적기 때문일 것입니다. 아무리 공감이 가게 만들더라도 그 집단 사람들의 구매로 이어지지 못할 거라고 생각된다면 승인은 어렵지 않을까요?

그럼, 여러분의 이모티콘은 어떤 사람들이 구매할지 한번 생각해보세요. 예를 들어 주부 컨셉의 이모티콘이라면 3040에서 좋아하는 이모티콘의 특징을 반영하여 그림보다는 깔끔한 선으로, 단색보다는 색채가 풍부하게 표현해야 할 것입니다.

비슷한 이모티콘 조사하기 (시장 조사)

이제 구상의 마지막 단계입니다. 내 이모티콘의 컨셉, 캐릭터, 사용 대상을 어렴풋하게나마 정했다면 시중에 그런 이모티콘이 있는지 꼭 확인해보시길 추천해 드립니다. 이미 그러한 이모티콘이 너무 많다면, 이미 많은 사람도 제작하고 있다는 뜻이며 경쟁률이 높은 심사를 통과해야 할 것입니다. 또 내가 은연중에 표현한 캐릭터나 동작이 이미 나온 이모티콘과 지나치게 흡사할 때도 심사에서 걸러질 위험이 있습니다.

그렇다면, 어떤 방법으로 시장 조사를 하면 좋을까요? 크게 두 가지 방법을 추천해 드립니다.

● 카카오 이모티콘샵에서 검색해보자!

우선 내가 만든 캐릭터가 차별성이 있는지 확인합니다. 토끼 캐릭터를 구상했다면 이모티콘샵에서 '토끼'를 검색해보세요. 수많은 토끼 캐릭터들을 살펴보며 내 캐릭터와 너무 겹치는 이모티콘이 없는지 확인합니다. 유사한 이모티콘이 있다면 스케치하기 전에 캐릭터를 수정합니다.

또한 내가 구상한 컨셉으로도 검색해봅니다. 예를 들어 '부부' 컨셉을 구상했다면 '부부', '커플', '자기', '여보' 등 비슷한 컨셉의 단어를 검색해서 이모티콘들을 살펴봅니다. 표절로 오해받을 만한 표현은 없는지 살펴보고, 그 과정에서 참고할 멘트나 표현이 있다면 내 이모티콘에도 반영해봅니다. 이렇게 다른 이모티콘들을 살피다 보면, 내 이모티콘의 부족함이 자연스럽게 드러나는 장점도 있을 것입니다.

● SNS와 검색엔진에 검색해보자!

인스타그램, 페이스북, 밴드 스티커 샵, OGQ마켓 등 다른 매체에서도 검색이 필요합니다. 내가 정한 캐릭터의 이름과 겹치는 캐릭터는 없는지, 의도하진 않았지만, 자칫 표절로 오해받을 이모티콘은 없는지 살펴봅니다. 캐릭터의 이름은 같아도 크게 상관은 없지만 내 캐릭터의 고유한 느낌을 선점하는 것이 좋기에 이름 짓기도 검색을 충분히 한 후 정하는 것이 좋습니다.

기획안
만들어보기

이 장에서는 이모티콘 기획안을 간단히 작성해 보겠습니다. 영화나 드라마, 웹툰 등 많은 매체는 어떤 작품을 만들기에 앞서 기획서를 만든다고 합니다. 작품을 제작할 제작자를 설득하기 위함이지만, 기획서를 만드는 과정에서 작가도 그 작품에 대해 다시 한번 생각하는 기회를 가질 수 있습니다. 먼저 아래의 기획안 예시를 보며 기획안이 무엇인지 살펴봅시다.

제목		여보랑 톡톡 댕댕 부부
이모티콘 유형		(움직이는 이모티콘)/ 멈춰있는 이모티콘 소리 나는 이모티콘 / 큰이모티콘
컨셉		서로를 존중하는 부부끼리 주고받는 이모티콘
예상 사용자		20대~40대의 결혼한 부부 또는 서로를 여보라고 부르는 커플 (컬러가 많고 깔끔한 선의 그림이 좋겠음!)
예상 스타일 (가장 대표적인 스타일 2개 동그라미)	귀여운	#동글동글한 #애교많은 #까불거리는 #상냥한 #샤방샤방
	재밌는	#드립치는 #표정이_살아있는 #정겨운 #말장난
		#단순하게_생긴 #길쭉길쭉한 #뼈때리는 #시크한
	메시지	#다정한_메시지 #색다른_메시지
	일러스트	#비비드 #흑과백 #파스텔
	동물	#쨱쨱이 #곰돌이 #펭귄 다람쥐와_찍찍이 #토깽이 #냐옹이 (#댕댕이)#다른_동물들
	선물하기 좋은	#엄마_아빠에게 #딸_아들에게 (#커플에게)#직장인에게 #학생에게 #군인에게 #취미모임_회원에게
	MD추천, 카카오 공식, 스타/인플루언서/만화 스타일은 생략했습니다.	

제목

제목은 이모티콘샵에서 이모티콘을 한 번에 표현해주는 아주 좋은 광고문구입니다. 그러므로 내 이모티콘의 특징을 최대한 녹여내는 것이 좋습니다. 제목을 만들 때는 캐릭터 이름 + 캐릭터 성격 + 컨셉이 모두 들어가는 것이 좋습니다.

예시의 '여보랑 톡톡! 댕댕 부부!' 제목은 누가 봐도 부부가 쓸 수 있는 이모티콘이라는 것을 알 수 있습니다. 만약 이모티콘샵을 둘러보는 신혼부부가 있다면 눌러보지 않을 수 없겠죠?

예를 들어, 경상도 사투리를 쓰는 장난스러운 강아지 땡구가 있다면 제목은 어떻게 하는 것이 좋을지 적어보세요.

'사투리가 찰진 괴짜 땡구', '억수로 못 말리는 땡구의 사투리 한마디' 처럼 표현될 수 있겠습니다.

이모티콘 유형

카카오 이모티콘은 움직이는 이모티콘, 멈춰있는 이모티콘, 소리나는 이모티콘, 큰이모티콘 등 네 가지로 나눠집니다. 평소 이모티콘을 많이 살펴보셨다면 이 이모티콘의 차이를 알고 계실 것입니다.

멈춰있는 이모티콘   움직이는 이모티콘   큰이모티콘

제안하기   제안하기   제안하기

출처 : 카카오 이모티콘 스튜디오

멈춰있는 이모티콘은 움직이지 않기 때문에 더 과장된 컨셉으로 매력을 내뿜는 이모티콘입니다. 전체 개수가 32개로, 비교적 개수가 많아서 주고받는 메시지(사랑해 - 내가 더 사랑해), 강조 메시지(분노 - 매우 분노) 등의 중복된 메시지도 넣을 수 있습니다. 필수적인 감정보다는 일상생활에서 많이 쓰이며, 특정 컨셉을 더 보여줄 수 있는 메시지로 구성되는 경우가 많습니다.

움직이는 이모티콘은 '움직임'으로 감정과 메시지를 더 생동감 있게 표현할 수 있습니다. 다만 움직임을 만드는데 어느 정도 기술이 필요해서 초보자들이 접근하기에는 어려움이 있습니다. '멈춰있는 이모티콘'보다 8개 더 적은 24개이기 때문에 필수적인 감정을 더 선별하여 구성하는 것이 좋습니다. 사용성이 낮은 감정이나 메시지가 들어가면 다른 중요한 메시지가 들어갈 자리가 줄어들게 됩니다.

소리 나는 이모티콘은 움직이는 이모티콘에 소리가 입혀진 이모티콘입니다. 캐릭터에 귀여움을 더 배가시키고 싶을 때, 가수나 사투리 등 컨셉의 표현에 있어 소리가 필요할 때 소리 나는 이모티콘을 제작할 수 있습니다. 이모티콘 제작 시 음성을 입혀야 하는 어려움 때문인지 출시하는 비율이 상대적으로 적은 편입니다.

큰이모티콘은 2019년 7월부터 제안할 수 있게 된 이모티콘입니다. 채팅방을 가득 채우는 특별한 재미를 주고 싶다면 큰이모티콘을 제안할 수 있습니다. 인기 있는 이모티콘들은 큰이모티콘들로 제작된 경우가 많은데, 이모티콘샵에서 '큰이모티콘' 스타일에 들어가면 한 번에 살펴볼 수 있습니다.

네 가지 유형 중에서 여러분의 이모티콘은 어떤 유형인가요? 그 유형의 특징에 부합하나요? 여러분이 제작할 이모티콘 유형을 기획안에 표시해 보세요.

컨셉

이모티콘의 컨셉에 대해서는 1장 52쪽에서 자세하게 살펴보았습니다. 여러분의 이모티콘이 어떤 컨셉인지를 한 문장으로 표현해 보세요. 이 컨셉 문장은 후에 이모티콘 제안 시 '제안 내용'에 넣어도 좋습니다.

예상 사용자

앞장에서 살펴본 대로 나이 / 성별 / 특정 대상을 생각해봅니다. 예시에서는 귀여운 컨셉의 부부 이모티콘이기에 나이 - 20~40대 / 성별 - 남녀 / 소속 - 커플이라고 적었습니다.

스타일

앞 장에서 살펴본 다양한 스타일 중에서 여러분의 이모티콘에 해당하는 스타일을 골라 동그라미 표시를 합니다. 실제 출시에서는 달라질 수 있지만, 미리 스타일을 정해놓으면 이모티콘의 방향을 더 확실하게 잡을 수 있습니다.

자, 이제 여러분의 이모티콘 기획서를 써볼 차례입니다. 구상한 이모티콘을 생각하며 빈칸을 채워보세요.

제목		
이모티콘 유형	움직이는 이모티콘 / 멈춰있는 이모티콘 소리 나는 이모티콘 / 큰이모티콘	
컨셉		
예상 사용자		
예상 스타일 (가장 대표적인 스타일 2개 동그라미)	귀여운	#동글동글한 #애교많은 #까불거리는 #상냥한 #샤방샤방
	재밌는	#드립치는 #표정이_살아있는 #정겨운 #말장난
		#단순하게_생긴 #길쭉길쭉한 #뼈때리는 #시크한
	메시지	#다정한_메시지 #색다른_메시지
	일러스트	#비비드 #흑과백 #파스텔
	동물	#짹짹이 #곰돌이 #펭귄 다람쥐와_찍찍이 #토깽이 #냐옹이 #댕댕이 #다른_동물들
	선물하기 좋은	#엄마_아빠에게 #딸_아들에게 #커플에게 #직장인에게 #학생에게 #군인에게 #취미모임_회원에게
	MD추천, 카카오 공식, 스타/인플루언서/만화 스타일은 생략했습니다.	

스케치하거나 동작을 구상하는 과정에서 만들어둔 기획서를 틈틈이 참고한다면 더 확실하고 완성도 있는 이모티콘을 만들 수 있을 것입니다.

멘트
구성하기

기획서가 만들어졌다면 이제는 진짜 본격적인 이모티콘을 만들 차례입니다. 조금은 설레고 조금은 걱정도 되겠지만 차근차근 만들어봅시다.

가장 먼저 만들어야 하는 것은 멘트 리스트입니다. 캐릭터는 멘트가 먼저 정해진 후에 생겨나기도 하므로 아직 개발한 캐릭터가 없더라도 괜찮습니다. 움직이는 이모티콘이라면 24개, 멈춰있는 이모티콘이라면 32개, 큰이모티콘이라면 16개의 멘트(메시지)가 필요합니다.

필수 감정 / 메시지 넣기

필수 감정 / 메시지란 거의 모든 이모티콘에서 볼 수 있는 멘트를 말합니다. 거의 모든 이모티콘에 들어 있다는 것은 그만큼 '유용하기' 때문입니다.

'아, 이 이모티콘에는 미안해 메시지가 없네. 쓰고 싶은데⋯.'

혹시 이모티콘을 사용하면서 이런 생각을 해보신 적 있나요? 저는 제가 만든 이모티콘을 사용하면서, 다른 이모티콘을 쓰면서 종종 이런 생각을 하곤 합니다. 하나의 이모티콘에 내가 원하는 모든 메시지가 들어갈 수는 없지만 대화에서 자주 사용하는 감정 / 메시지가 없으면 아쉽기 마련입니다. 이런 필수 감정 / 메시지가 부족하다면 이모티콘 심사 과정에서도 좋은 점수를 받지 못하리라 생각합니다. 특히 움직이는 이모티콘은 개수가 비교적 적기 때문에 필수 감정 / 메시지를 잘 고민해야 합니다.

아래는 제가 제작한 필수 감정 / 메시지 목록입니다.

	필수 감정 / 메시지	멘트 예시
1	인사	안녕 / 하이
2	사랑	사랑해 / 알러뷰 / 사랑합니다
3	축하	축하해 / ㅊㅋㅊㅋ / 츄카츄카
4	칭찬	대단해 / 박수 / 짝짝짝
5	응원	파이팅 / 힘내세요 / 잘 될 거야!
6	감사	고마워 / 감사합니다 / 땡큐
7	사과	미안해 / 죄송합니다 / 사과드립니다
8	놀람	! / 헉 / 어머 / 꺅
9	궁금	? / 네? / 웅? / 뭐?
10	눈물	흑흑흑 / 으아앙 / 훌쩍훌쩍
11	화남	우쒸 / 으아악! / 꺼져! / #$%^#(욕 표현 대체)
12	당황	헐… / 머쓱 / 헤헤
13	신남	아싸 / 오예 / 예~ / 신나 신나
14	식사	맛점해 / 밥 먹자! / 맛있게 드세요
15	긍정 대답	OK / 네 / 넵 / 넹 / 알겠습니다
16	부정 대답	NO / 아니오 / 아니~ / 응 아니야 / 놉
17	지침	에휴 / 시무룩 / 피곤해 / 힘들어요
18	웃음	ㅋㅋㅋ / 개웃김 / 푸하하 / 키키
19	감동/반함	감동 / 심쿵 / 우와! / 대박…
20	아침 인사	굿모닝 / 좋은 아침 / 좋은하루 보내세요
21	밤 인사	굿나잇 / 잘자 / 꿀잠 자요 / 내일 봐요

필수 감정 / 메시지 만으로도 21개의 멘트가 만들어졌습니다.

과연 멘트 구성이 이렇게 간단할까요? 아쉽지만 그렇지는 않습니다.

저는 보통 이모티콘을 만들 때 우선 위의 목록에서 멘트를 짜려고 노력합니다. 필수 감정 / 메시지가 많이 들어갈수록 사용자들이 이모티콘을 쓰면서 '유용하고 쓸 게 많은 이모티콘'이라는 생각을 가질 것이기 때문입니다. 하지만 위의 필수 감정 / 메시지만으로는 내 이모티콘의 컨셉과 개성을 충분히 표현하기에는 한계가 있을 수 있습니다. 이모티콘의 컨셉 상 꼭 표현하고 싶은 멘트가 더 많이 필요하다면 필수 감정 / 메시지는 줄어들 수밖에 없습니다.

이모티콘은 출시 후 일주일도 채 되지 않아 존재감이 희미해지는 일이 생기곤 하지만, 그렇다고 해서 내 이모티콘의 생명이 끝나는 것은 아닙니다. 내 이모티콘을 구매한 사람들이 여러 채팅방에서 이모티콘을 사용하며 '간접 홍보'를 해주기 때문입니다. 여러분도 다른 사람이 쓰는 이모티콘이 갖고 싶어서 따라 구매한 적이 있으실 겁니다. 채팅방에 유용한 멘트가 많은 이모티콘이라면 판매에도 꾸준한 도움을 줄 것입니다.

제 이모티콘 중 '숲 속의 귀요미 람찌'로 멘트를 한 번 살펴보겠습니다. 이 이모티콘에는 필수 감정 / 메시지 목록 중에서 17개 (사랑, 신남, 축하, 감동, 칭찬, 웃음, 응원, 궁금, 감사, 슬픔, 긍정 대답, 화남, 부정 대답, 놀람, 지침, 사과, 밤 인사)가 들어 있습니다.

사랑1	신남	사랑2	축하	감동 / 반함	사랑3
칭찬	웃음	응원	궁금	편안함	감사
빼꼼	슬픔	긍정 대답	화남	부정 대답	도망
놀람	열심	지침	사과	한숨	밤 인사

어떤가요? 이런 필수적인 감정 / 메시지가 다양한 방법으로 표현
되어 있죠?

나머지 7개는 어떤 메시지인지 빨간색 글씨를 보면 사랑2, 사랑3,
편안함, 빼꼼, 도망, 열심, 한숨의 메시지입니다. 저는 귀여운 람
찌 캐릭터가 보여줄 수 있는 매력을 '사랑' 메시지를 더 추가해 표
현했습니다. 또 자그만 다람쥐가 보여줄 수 있는 느낌들을 스케
치하며 나머지 멘트를 구성했습니다.

이제 멘트 구성이 어떤 방식으로 진행되는지 어느 정도 감이 잡
히시나요?

메시지 구성의 과정을 요약하면 다음과 같습니다.

1. 필수 감정 / 메시지를 우선 구성한다.

2. 내 이모티콘의 컨셉이나 캐릭터를 잘 표현할 수 있는 멘트를 추가한다.

예외의 경우는 있어요!

위에서 설명한 필수 감정 / 메시지가 많이 들어가야만 꼭 승인이 난다고는 할 수 없습니다. 예를 들어 '칭찬할 때만 사용하는 이모티콘'을 컨셉으로 잡았다면, 대부분의 멘트는 필수 감정 / 메시지와 어울리지 않을 것입니다. 이럴 때는 필수 감정 / 메시지를 버리고 과감히 다른 메시지로 대체해야 합니다. '용기를 칭찬해', '끈기를 칭찬해', '유머를 칭찬해' 등과 같이 컨셉으로 멘트를 가득 채우는 것이 더 매력적이겠습니다. 특히 '컨셉'이 강한 '멈춰있는 이모티콘'에서 이러한 멘트 구성을 많이 볼 수 있습니다.

메시지를 컨셉에 맞는 멘트로 바꾸기

자, 이제 앞에서 여러분이 구성한 멘트 24개를 한 번 살펴보세요. 어딘가 심심한 느낌이 들지 않나요? 그런 느낌이 드는 이유는 멘트가 '평범'하고 '식상' 하기 때문입니다. 사람들도 저마다 성격과 말투가 다르듯, 이모티콘도 같은 감정 / 메시지라 하더라도 다른 멘트로 표현해야만 매력이 생깁니다. 메시지를 컨셉에 맞는 멘트로 업그레이드 해봅시다.

짝 짝 짝 짝 짝

사랑하자! 하자토끼

축하드립니당!

핵병아리의 사회생활 리액션

숲 속의 귀요미 람찌

위 예시는 똑같은 '축하'의 메시지이지만 '짝짝짝짝짝' / '축하드립니당!' / (멘트 없음)으로 모두 다른 멘트로 만들어진 것을 알 수 있습니다. 이처럼 필수 감정 / 메시지로 구성한 멘트를 '컨셉에 맞는 멘트'로 바꿔주는 과정을 거쳐야 멘트 구성이 끝이 납니다.

그럼, 한번 연습해보겠습니다. '사랑해' 라는 멘트를 특정 컨셉에 맞게 바꿔보세요.

사랑해
↓

1) 애교 많은 캐릭터라면?

2) 경상도 사투리를 쓰는 컨셉이라면?

3) 부부가 쓰는 컨셉이라면?

4) 말끝을 '용'으로 끝내는 용 캐릭터라면?

바꾸어 보셨나요? 생각보다 금방 채워 넣으셨으리라 생각합니다. 저라면 이렇게 만들어볼 것 같습니다.

1) 애교 많은 캐릭터라면?   따랑해~

2) 경상도 사투리를 쓰는 컨셉이라면?   사랑한데이♥

3) 부부가 쓰는 컨셉이라면?   여보 사랑해

4) 말끝을 '용'으로 끝내는 용 캐릭터라면? 사랑해용

이 과정이 바로 '메시지를 컨셉에 맞는 멘트로 바꾸기'입니다. 모든 이모티콘에 있는 똑같은 감정 / 메시지라 하더라도 내 이모티콘에서는 컨셉에 맞도록 표현해야 합니다. 이 단계에서 완성된 멘트들은 그림이 더해지는 과정에서 수정되기도 하고 멘트가 삭제되기도 합니다.

멘트 구성 점검하기

이모티콘 유형에 맞게 멘트를 24개, 32개 또는 16개 만드셨다면 이제 마지막으로 멘트를 점검해봅시다. 필수 감정 / 메시지도 넣었고 컨셉에 맞도록 수정했지만, 마지막으로 점검할 부분이 몇 가지 있습니다.

● 대화에서 자주 쓸 수 있는 멘트인가요? (사용성)
먼저 멘트들이 실제 대화에서 사용도가 높은지 살펴봅니다. 때때로 컨셉이 너무 과해 사용도가 낮아진 멘트를 만드는 경우가 있습니다.
'이 멘트를 대화하면서 자주 쓸까?' 하는 질문을 스스로 던지며 멘트들을 살펴보세요. 아니요, 라는 대답이 나온다면 멘트를 지우고 다른 감정 / 메시지의 멘트를 추가하세요.

● 멘트가 그림의 의미를 제한하지 않나요?
'졸려' 라는 멘트를 구상했다고 생각해봅시다. 아마도 이 멘트와 어울리는 그림은 캐릭터가 퀭한 눈을 하고 누워 있거나 책상에 쓰러진 모습일 것입니다.

하지만 이 그림에 '졸려' 라는 멘트를 지운다면 졸리다, 피곤하다, 아무 생각이 없다, 공부하기 싫다 등 다양한 상황에서 쓸 수 있을 것입니다. 이런 경우에는 멘트를 과감히 삭제하거나 수정해야 합니다.

● 카카오 이모티콘 필수 지침에 어긋나지는 않나요?

마지막으로, 카카오 이모티콘에서 안내하는 필수 지침에 어긋나는 멘트가 없는지 점검합니다. 아래의 필수 지침을 보고 내 이모티콘 멘트가 해당하지는 않나 살펴봅니다. (멘트와 관련 있는 부분만 발췌하였습니다)

윤리, 비즈니스, 저작권 필수 지침 (출처: 카카오 이모티콘 스튜디오)

1. 도덕성 및 윤리지침 부분
- 범죄, 폭력, 성적 표현 등 미풍양속에 반하는 콘텐츠
- 흡연 연상 및 흡연을 조장하는 콘텐츠
- 반사회적인 내용이 담긴 콘텐츠
- 사회적인 물의를 일으킬 소지가 있는 콘텐츠
- 사람, 사물, 동물 등을 비하하거나 차별하는 내용이 담긴 콘텐츠
- 심한 욕설 및 폭언 등이 담긴 콘텐츠
- 특정 국적이나, 종교, 문화, 집단에 대한 공격으로 해석되거나 불쾌감
  을 유발할 소지가 있는 콘텐츠
- 특정 종교를 표현하거나 이를 주제로 한 콘텐츠

3. 저작권, 상표권 침해 등 표절 행위
(1) 저작권을 침해하는 콘텐츠
- 타인의 저작물(캐릭터, 사진, 이미지, 폰트, 음원 등)을 저작권자의 허
  락 없이 무단으로 가져와 사용하는 경우
- 타인의 저작물을 이용하였거나, 그에 준하는 정도로 캐릭터, 동작, 구
  도, 배열, 표현 방식 등이 실질적으로 유사한 경우

---

* 저작물이란?
인간의 사상 또는 감정을 표현한 창작물을 말하며, 저작권은 저작물이
창작되는 즉시 권리가 발생하므로 저작권 등록이 필수 요건은 아닙니다.
다만 저작권 등록을 하는 경우 저작권법에 따른 보호를 받을 수 있으며,
관련 내용은 '한국저작권위원회 홈페이지'를 참고하시기 바랍니다.

(4) 기타: 트레이싱 및 패러디를 사용하는 콘텐츠
- 만화, 영화, 드라마 등 기존에 존재하는 콘텐츠(이하 '원천 콘텐츠')를
  인용하였거나, 컨셉 등이 연상되는 경우
- 원천 콘텐츠 또는 특정 인물의 행동 등을 인용하였거나, 이를 패러디
  하여 해당 콘텐츠 또는 인물이 연상되는 경우
(ex. 특정 안무 및 가사가 동시에 노출되거나, 특정 동작 및 유행어 등
이 동시에 노출되는 경우 등)
- 원천 콘텐츠를 로토스코핑 기법을 통하여 사용한 경우

위의 세 가지 점검 사항을 통과했다면, 이제 여러분의 이모티콘
멘트는 1차 완성되었습니다. 앞서 말한 대로 그림이 더해지는 과
정에서 수정되고 삭제될 수 있습니다.
이제 스케치를 시작해봅시다!

스케치하기

멘트 구성까지 끝낸 여러분 환영합니다! 드디어 멘트와 컨셉에 맞도록 그림을 그리는 단계입니다. 그림 그리기를 좋아하는 분이라면 이 단계를 오래 기다리셨을 것이고, 그림에 자신이 없는 분이라면 조금 두렵기도 하실 듯합니다. 스케치에는 정답이 없습니다. 종이에 필기도구를 이용해 그릴 수도 있고, 아이패드를 이용해 그릴 수도 있습니다.

종이에 스케치하기

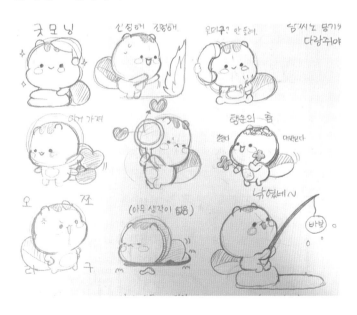

저는 최근 들어 종이에 연필로 이모티콘 스케치를 하고 있습니다. 아이패드를 이용할 때 보다 손맛이 좋고, 조금 더 자유로운 느낌 때문인지 아이디어가 더 잘 떠오르기 때문입니다. 물론 빠르게 수정할 수 없는 단점은 있지만, '낙서' 하듯이 그리는 즐거움이 크다는 장점이 있습니다.

종이에 스케치를 하셨다면 사진을 찍고 아이패드로 옮겨 디지털 그림으로 옮기는 과정이 필요합니다. 아이패드 카메라로 사진을 촬영하고 클립스튜디오나 프로크리에이트에 불러와서 작업하면 되겠습니다.

아이패드로 스케치하기 (클립스튜디오 설치하기)

아이패드로 스케치를 하는 데 있어 가장 큰 장점은 손가락 두 개로 화면을 터치하여 즉각적인 '실행취소'와 '되돌리기'를 할 수 있다는 것입니다. 다만 이런 즉각적인 수정이 우연으로 탄생하는 개성과 아이디어를 증발시킬 수 있으므로 되도록 수정하기보다는 다양하게 많이 그려보는 것이 좋습니다.

〈실전〉 편에서 소개할 애플리케이션은 '클립스튜디오'를 기준으로 합니다. 아이패드용 클립스튜디오는 최초 사용 시 3개월의 무료체험 기간을 주기 때문에 3개월간 충분히 사용해본 뒤에 정기 구독을 신청하면 됩니다. 저 또한 무료체험 기간 동안 이모티콘을 제안하고 만들며 익힌 후에 정기 구독을 결정했습니다.

무료체험이 끝났다면 정기 구독을 신청해야 합니다. 1부 〈이론〉 편 40쪽에서 말씀드렸듯이 클립스튜디오는 PRO 버전과 EX 버전이 있습니다.

〈클립스튜디오 설치 방법〉

❶ 앱 스토어(App Store)에 들어갑니다.

❷ 검색창에 '클립스튜디오'를 검색합니다.

❸ '받기'를 눌러 다운받습니다.

❹ 홈 화면의 클립스튜디오 아이콘을
   클릭하여 실행합니다.

참고

최근, 클립스튜디오의 새로운 구독 플랜이 나왔습니다. PC와 아이
패드에 클립스튜디오를 동시에 구독하는 방식입니다. PC에서도
클립스튜디오를 사용하는 분이라면 이 구독 플랜을 선택하면 됩니
다. 물론 이 책에서 안내하는 방법은 PC에서의 클립스튜디오는 사
용하지 않아도 되는 내용이니, PC 구독은 꼭 신청하지 않아도 괜찮
습니다.

● 작업환경 설정하기

클립스튜디오를 설치하고 실행하면 텅 빈 화면이 나옵니다. 도화
지를 책상 위에 펼쳐놓듯이 신규 파일을 하나 만들어봅시다. '신
규 아이콘'(메뉴 - 파일 - 신규)을 누르면 내가 만들 캔버스의 환경
을 설정하는 창이 나옵니다. 우선 스케치를 해야 하니 화면에 꽉
차는 크기의 흰 캔버스를 만들겠습니다. 아래 사진과 같이 설정
한 후, OK를 누르세요.

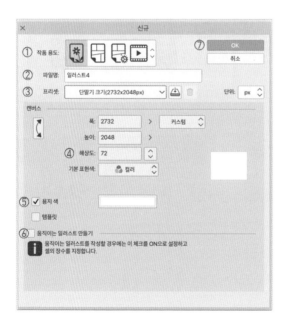

① 작품 용도는 '일러스트'를 선택합니다. 참고로, 이모티콘을 만드는 과정에서는 주로 네 번째 '애니메이션' 용도를 주로 사용합니다. 두 번째와 세 번째 아이콘은 웹툰 제작에 사용하는 용도이므로 이 책에서는 다루지 않겠습니다.

② 파일명은 저장할 파일 이름을 적습니다. '이모티콘 스케치' 라고 고쳐 써봅시다.

③ 프리셋은 캔버스의 크기 및 해상도를 미리 만들어 저장해 놓은 것을 말합니다.

화면에 꽉 차는 캔버스를 만들기 위해 '단말기 크기' 프리셋을 선택합니다.

④ 해상도는 이모티콘용 72dpi를 그대로 두겠습니다. 참고로 '해상도'는 높을수록 이미지를 확대하거나 축소해도 깨지는 정도가 작습니다. 하지만 그만큼 파일의 용량이 늘어나게 됩니다.

⑤ 용지색은 캔버스의 색상을 정하는 것으로, 흰색을 그대로 두겠습니다.

⑥ 스케치용 파일이기 때문에 '움직이는 일러스트 만들기'는 선택하지 않습니다.

⑦ OK를 누르면 화면 가득 흰 캔버스가 만들어집니다.

자, 이제 자유롭게 스케치를 할 흰 캔버스가 펼쳐졌습니다.
다소 복잡해 보이는 클립스튜디오의 화면이 보이시나요? 기본 화면을 간단하게 살펴보겠습니다.

● 클립스튜디오 기본 화면 이해하기
우선 저와 같은 화면을 볼 수 있게 다음과 같이 기본 워크스페이스를 설정합니다. (메뉴 - 창 - 워크스페이스 - 기본 레이아웃으로 복구)

■ 이 부분은 모든 조작 메뉴가 들어 있는 부분입니다. 어떤 식으로 분류되어 있는지 98쪽 설명을 간단하게 읽어봅시다.

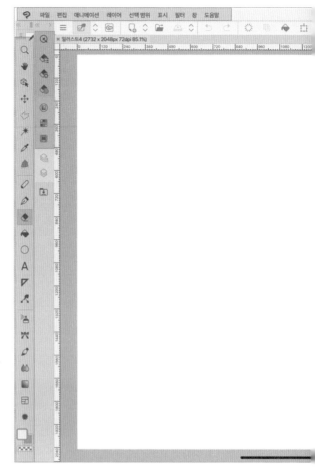

■ 기본적이면서 필수적인 그리기·편집 도구가 모여 있는 팔레트입니다. 쉽게 말해 '필통'이라고 생각하면 되겠습니다. 이 도구들에 대해서는 99쪽의 '도구 팔레트 살펴보기'에서 자세히 살펴보겠습니다.

■ 앞의 ■에서 선택한 도구를 조금 더 상세히 설정할 수 있는 속성 팔레트입니다. 예를 들어 '펜'을 선택했다면 펜의 굵기, 색깔, 종류 등을 조절할 수 있는 기능들이 모여 있습니다.

■ 컬러(색)를 정하는 부분입니다. 색을 변경하고 싶을 때는 이 부분에서 다양한 색을 고르거나, 자주 쓰는 색의 컬러세트를 만들어둘 수 있습니다.

■ 레이어와 관련된 팔레트를 펼치는 아이콘입니다. 내가 그리고 있는 그림의 레이어들을 한눈에 보여주고, 레이어를 추가 / 삭제 / 이동할 수 있으며, 레이어를 투명하게 만들기, 레이어에 테두리 만들기, 클리핑 마스크 레이어 등 레이어에 변형을 줄 때도 사용할 수 있는 기능이 들어 있습니다. 평소에는 이 부분만 따로 분리해서 고정해두는 것이 작업하기에 좋습니다.

■ 커스텀 바입니다. ①의 메뉴 중에서 자주 사용하는 신규, 저장, 열기, 실행취소, 되돌리기, 크기변형 등의 자주 쓰는 기능이 단축 키처럼 모여 있는 부분입니다.

■ 그림을 그리는 캔버스입니다. 이 공간이 클수록 작업하기에 편리합니다.

■ 퀵 메뉴 부분입니다. 그림 전체를 작은 화면에 보여주는 '네비게이션', 저장된 기능을 클릭 한 번으로 실행하는 '오토 액션', 참고할 그림을 항상 띄워놓을 수 있는 '서브 뷰' 등의 기능이 들어가 있습니다. 평소에는 공간을 차지하기 때문에 사용하지 않을 때는 접어두는 것이 좋습니다. 접는 방법은 윗부분의 >또는 >>모양을 클릭하면 됩니다.

팔레트 고정하는 방법

해당 팔레트를 평소에 항상 펼쳐서 고정하기 위해서는 팔레트 윗부분의 >모양 화살표를 누르면 됩니다.

◐   파일   편집   애니메이션   레이어   선택 범위   표시   필터   창   도움말

클립스튜디오 아이콘 : 아이패드에 설치된 클립스튜디오의 가장
기본적인 설정을 할 수 있는 메뉴입니다. 버전 정보, 단축 키 설
정 등을 할 수 있습니다.

파일 : 파일을 열기, 닫기, 저장하기, 내보내기 등 그림 파일 자체
를 저장하고 옮기는 용도의 기능입니다.

편집 : 그림 복사, 잘라내기, 붙여넣기, 크기 조절, 색상 조절, 용지
크기 조절, 색 채우기 등을 할 수 있는 기능들이 모여 있습니다.

애니메이션 : 움직이는 이모티콘을 만들 때 필요한 애니메이션 관
련 기능들이 모여 있습니다.

레이어 : '레이어'는 한 그림 안에 겹쳐지는 여러 장의 종이를 의미
합니다. 이 레이어와 관련된 기능들이 모여 있습니다.

참고 레이어 팔레트

- 레이어 투명도를 조절합니다.
- 클리핑 마스크를 끄고 켭니다.
- 레스터 레이어를 추가합니다.
- 벡터 레이어를 추가합니다.
- 새로운 폴더를 추가합니다.
- 레이어를 아래 레이어와 하나로 합칩
  니다.
- 선택한 레이어를 삭제합니다.
- 레이어의 눈을 켜면 레이어가 보이고
  눈을 끄면 레이어가 보이지 않습니다.
- 여러 개의 레이어를 동시에 선택할 때
  클릭합니다.
- 레이어를 다른 순서로 이동하고 싶을 때 클릭한 채로 순서를 조정합니다.

선택 범위 : 그림의 일부 또는 전체를 선택하고 싶을 때 사용하는 기능들을 모아놓은 메뉴입니다.

표시 : 이 메뉴는 그림 자체에는 영향을 주지 않는 메뉴입니다. 작업 시 캔버스를 확대/축소/회전하고 싶을 때 필요한 기능들이 모여 있습니다.

필터 : 이 메뉴는 그림에 다양한 효과를 주고 싶을 때 사용하는 메뉴입니다. 번지는 효과, 모자이크 효과, 찌그러뜨리기 등 이모티콘에 특수한 효과를 입힐 때 유용한 기능들이 모여 있습니다.

창 : 클립스튜디오의 여러 가지 창들을 끄고 켤 수 있는 메뉴입니다.

도움말 : 클립스튜디오에서 자체적으로 제공하는 도움말과 강좌를 열 수 있는 메뉴입니다.

클립스튜디오의 화면은 이렇게 구성되어 있습니다. 복잡한 기능들이 곳곳에 숨어 있지만, 이 책에서는 이모티콘에 쓰이는 필수적이고 유용한 기능들만 안내하겠습니다. 글로만 읽으면 완전히 알기 어려우므로 시간 날 때 하나하나 눌러보며 어떤 기능인지 꼭 살펴보세요.

● 도구 팔레트 살펴보기

도구 팔레트에는 다소 많은 기능이 있지만 이모티콘을 만들 때 쓰는 기능 중심으로 핵심만 설명하겠습니다. 표시된 별표는 이모티콘 제작에서 자주 쓰는 정도를 표시하였습니다.

1) 돋보기 (★☆☆☆☆)
캔버스를 확대(줌인)하거나 축소(줌아웃)할 때 사용하는 기능이지만 아이패드용 클립스튜디오에서는 거의 사용하지 않습니다. 아이패드에서는 손가락으로 확대/축소가 가능하기 때문입니다. 이 기능 대신에 손가락을 사용해보세요. 엄지와 검지를 모으면 축소, 바깥으로 펼치면 확대할 수 있습니다.

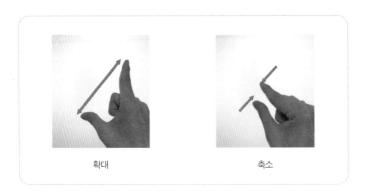

확대   축소

2) 이동/회전 (★☆☆☆☆)

아이패드에서는 그다지 쓰지 않는 기능입니다. 캔버스 이동하기는 손가락 하나를 화면에 대고 움직이면 이동할 수 있습니다. 캔버스 회전하기는 손가락 두 개를 화면에 대고 원하는 방향으로 회전하면 됩니다.

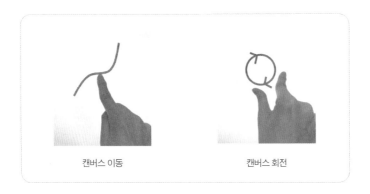

캔버스 이동   캔버스 회전

3) 조작 (★★★★★)

조작에는 크게는 오브젝트, 레이어 선택, 라이트 테이블, 타임라인 편집, 네 기능이 들어 있지만 '오브젝트' 기능만 사용

하여 이모티콘을 만들어보겠습니다. 오브젝트 기능은 내가 그린 여러 가지 선들을 세밀하게 이동하고 조정할 수 있는 기능입니다. 움직이는 애니메이션을 만들 때 선을 새로 그리지 않고 조절/이동할 수 있어서 아주 유용합니다.

4) 레이어 이동/톤 무늬 이동/그리드 이동 (★★★☆☆)

이 기능은 특정 부분(레이어, 톤 무늬, 그리드)을 이동할 때 쓰는 기능입니다.

레이어 이동은 선택된 레이어만 이동하고 싶을 때 사용합니다. 레이어를 한 번에 여러 개 선택하면 여러 레이어를 한 번에 이동할 수도 있습니다.

그리드 이동은 그리드(배경에 까는 눈금 표시)를 만들었을 때 그 그리드를 이동하는 기능입니다.

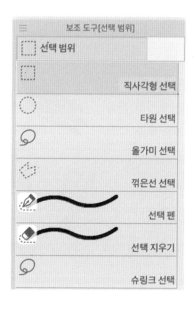

5) 선택범위 (★★★☆☆)

선택범위는 크게 직사각형 / 타원 / 올가미 / 꺾은선 / 선택 펜 / 선택 지우기 / 슈링크 선택이 있습니다. 그려놓은 그림 일부분을 선택하여 지우거나 이동하고 싶을 때 사용하는 기능입니다. 자주 쓰는 선택범위 기능은 직사각형 / 타원 / 올가미입니다. 이 기능은 주로 채색한 부분을 지우거나 이동할 때 사용합니다.

6) 자동선택 (★★☆☆☆)

자동선택은 그림에서 일부분을 자동으로 인식하여 선택하는 기능입니다.

 7) 스포이트 (★★★★★)

채색한 색을 뽑아내는 기능입니다. 그림 속에서 원하는 색이 있다면 이 스포이트 기능으로 색을 뽑아내면 됩니다. 이모티콘을 채색할 때 많이 사용합니다.

 8) 연필/파스텔 (★★★★☆)

연필/파스텔은 말 그대로 연필/파스텔의 느낌을 내는 도구입니다. 보조도구를 눌러보면 다양한 종류의 연필과 파스텔을 선택할 수 있습니다. 저는 보통 스케치나 러프 애니메이션(간략한 스케치 애니메이션)을 만들 때 연필 툴을 사용합니다. 그림 스타일에 따라서 색다른 선이나 채색 느낌을 표현하고 싶다면 연필/파스텔을 이용하면 되겠습니다. 직접 사용해보면서 원하는 느낌의 연필/파스텔을 찾아보세요.

 9) 펜/마커 (★★★★★)

펜/마커는 연필과 달리 빽빽하고 또렷한 느낌의 도구입니다. 이모티콘을 만들 때 외곽선은 주로 이 '펜' 도구를 이용해서 그립니다. 보조도구를 눌러보면 다양한 종류의 펜을 선택할 수 있습니다. 각각 굵기와 재질이 주는 느낌이 다르니 하나씩 써보며 자신에게 맞는 펜을 선택하면 되겠습니다.

10) 지우개 (★★★★★)

선이나 채색한 부분을 지우는 도구입니다. 보조도구를 눌러보면 다양한 재질의 지우개를 선택할 수 있습니다. 특히 클립스튜디오에서는 '벡터 지우기'라는 아주 유용한 기능이 있습니다. 이 기능은 다음 장 127쪽에서 설명하겠습니다.

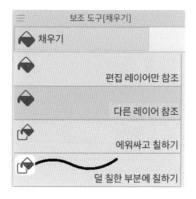

11) 채우기 (★★★★★)

채우기 도구는 페인트 모양의 아이콘에서 알 수 있듯이 특정 색을 채워 넣는 도구입니다. 설정을 어떻게 하느냐에 따라 '편집 레이어만 참조해서 채색', '다른 레이어 참조해서 채색', 에워싸고 칠하기 등 다양한 색 채우기를 할 수 있습니다.

이모티콘을 만들 때는 외곽선을 먼저 그리고, 채색 레이어를 따로 추가해서 '다른 레이어 참조' 채우기를 사용합니다. 그렇게 하면 외곽선 레이어를 참조하면서도 선에는 영향을 주지 않고 채색할 수 있습니다.

채우기 도구 속성에 들어가면 다양한 설정을 할 수 있습니다.

인접 픽셀 선택 : 근처에 있는 아주 얇은 범위의 선까지도 채색한다는 의미입니다.
틈 닫기 : 외곽선에 빈 부분이 있더라도 그 부분을 인식해서 채색하는 기능입니다. 틈 닫기를 높게 할수록 빈 부분이 넓어지더라도 채색할 수 있습니다.
영역 확대/축소 : 색이 채워지는 영역을 조절하는 기능입니다. 같은 외곽선 속에 채색하더라도 영역이 작다면 선 안쪽이 비게 되고, 영역을 크게 잡으면 외곽선 너머까지 꽉 채워 채색됩니다.

12) 직접 그리기/유선/집중선 (★★★☆☆)

선과 도형을 그리는 도구입니다. 따로 설명드리지 않아도 직접 사용해보면 금방 익힐 수 있습니다. 이모티콘 안에서 사각형, 원형 등의 도형이 필요할 때 유용하게 쓸 수 있습니다. 다만 이 도구로 그림을 그리면 딱딱한 느낌을 줄 수 있으므로 많이 사용하는 것은 추천하지 않습니다.

모서리가 둥근 사각형을 만들려면?

도구 속성에 들어가면 모서리의 둥글기를 조절할 수 있습니다. 둥근 사각형을 그리고 싶다면 이 수치를 높게 조절할수록 둥근 사각형이 그려집니다.

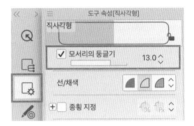

13) 텍스트 (★★★★★)

아이콘에서도 알 수 있듯이 텍스트(글자)를 넣는 도구입니다.

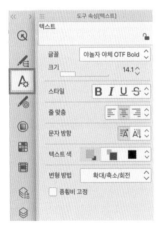

텍스트 도구 속성

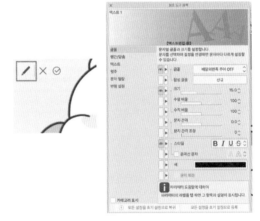

텍스트 보조도구 상세

텍스트 도구 속성이나 보조도구 상세에 들어가면 텍스트의 세부적인 부분까지 조절할 수 있습니다.

14) 자 (★★★☆☆)

직선, 도형, 곡선 등 비교적 딱딱한 선을 그려야 할 때 쓰는 도구입니다. 캔버스 위에 자를 놓고 그리듯 펜이 원하는 방향으로 나갈 수 있게 도와주는 기능입니다. '12) 직접 그리기' 기능처럼, 딱딱한 느낌을 줄 수 있어서 꼭 필요한 부분에만 사용하는 것이 좋습니다.

자를 휴지통에 버리기

표시 해제하기

만들어둔 자를 다시 없애고 싶을 때에는 레이어 부분에서 자 모양을 누르고 휴지통 아이콘을 클릭하거나 숨기기 설정을 하면 됩니다.

15) 선 수정/잡티 지우기 (★★★★★)

선 수정 도구는 클립스튜디오의 가장 큰 장점이라고 할 수 있는 기능입니다. 그려놓은 선을 자유롭게 변형할 때 유용한 기능으로, 130쪽에서 자세히 설명하겠습니다. (잡티 지우기 기능은 이모티콘 제작에서 필요 없으므로 생략합니다)

16) 에어브러시 (★★★☆☆)

에어브러시는 뿌옇게 번지는 듯한 느낌으로 채색할 때 쓰는 기능입니다. 주로 캐릭터의 볼 터치나 배경의 명암(그림자) 등에 사용할 수 있습니다.

17) 효과/연출 등 (★★☆☆☆)

이미 만들어놓은 다양한 효과 이미지가 모여 있는 도구입니다. 웹툰 등에서 효율성을 높이기 위해 쓰는 도구로 이모티콘에서는 거의 사용하지 않는 기능입니다. 가끔 이모티콘 배경 효과에 쓰이기도 합니다.

18) 수채 (★☆☆☆☆)

수채 도구는 말 그대로 채색에 회화적인 느낌을 주고 싶을 때 사용합니다. 색에 농도가 있고 겹쳐 표현되기 때문에 특수한 컨셉(한국적인 느낌 등)의 이모티콘이 아니라면 거의 사용하지 않는 도구입니다.

19) 색 혼합/흐리기/손끝 (★☆☆☆☆)

이 도구 또한 18번 기능과 마찬가지로 회화적인 느낌을 줄 때 사용하는 도구입니다. 이모티콘에서는 잘 쓰이지 않는 채색 도구입니다

20) 그라데이션 (★★★☆☆)

그라데이션은 이모티콘에서 특정 배경 효과를 만들 때 사용합니다. 심각한 상황이나, 해 질 녘 등의 자연스러운 색의 변화를 표현하고 싶을 때 사용하면 좋습니다. 사용하는 빈도는 낮은 편입니다.

21) 컷 작성/컷 테두리

웹툰에서 쓰는 기능입니다. 설명을 생략합니다

22) 말풍선/플래시

웹툰에서 쓰는 기능입니다. 설명을 생략합니다

23) 색상 선택 부분 (★★★★★)

세 가지 색상이 존재합니다. 클릭하면 선택되고, 선택된 색상으로 선을 그리거나 채색할 수 있습니다. 더블클릭하면 색을 변경할 수 있습니다.

● 클립스튜디오에서 스케치하기

클립스튜디오의 기본적인 부분을 익혔으니 자유롭게 스케치를 해볼 시간입니다. 어디에 스케치하든, 스케치 도구가 무엇이든 간에, 몇 가지 주의해야 할 점이 있습니다. 흰 캔버스에 무작정 스케치하는 것은 상상브러쉬력을 자극하지만, 자칫 중구난방의 결과물이 나올 수 있습니다. 따라서 스케치라 하더라도 어느 정도의 틀을 두고 그리는 것이 좋습니다. 제가 추천하는 방법은 아래와 같습니다.

1) 스케치하기 전에 알면 좋은 팁

〈캐릭터의 비율을 일정하게 그리기〉

1부에서도 잠깐 소개한 내용입니다. 내 캐릭터가 전체적으로 통일성 있는 느낌을 주도록 하기 위해서는 캐릭터의 비율이 일정해야 합니다. 캐릭터의 정면 모습을 확정했다면 그 그림을 기준으

로 비율 선을 그립니다. 그리고 나머지 그림들을 이 비율 선에 맞
춰 그려보세요. 캐릭터가 눕기도 하고, 앉기도 하고 동작은 달라
지겠지만 이 비율선 위에 스케치하면 캐릭터의 느낌을 일정하게
유지할 수 있습니다.

〈모든 시안을 한 캔버스에 그리기〉

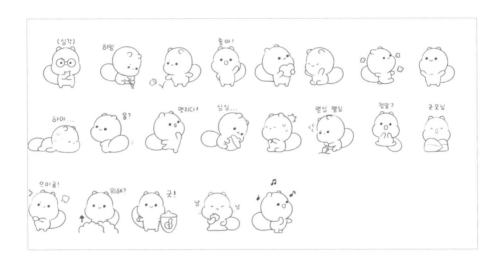

스케치 단계에서는 전체적인 구성을 계속해서 살필 수 있어야 합
니다. 시안 하나하나씩을 새 창을 켜서 그리다 보면 완성하고 났
을 때 비슷한 동작이 많거나 구성이 단조롭게 보이는 경우가 있
습니다. 스케치 단계에서는 이모티콘 구성을 전체적으로 파악
할 수 있게 모든 시안을 하나의 캔버스에 스케치하세요. 스케치

를 완성하고 나면, 상반신만 나온 그림이 많다든지, 캐릭터 동작들이 다 비슷하다든지, 전체적으로 통일성이 떨어져 보인다든지, 구성이 느슨하다든지 하는 단점을 파악할 수 있습니다.

〈사각형 틀 안에 그리기〉

카카오 이모티콘은 정사각형이라는 양식이 있으므로 그 안에서 모든 것이 표현되어야 합니다. 스케치 단계에서부터 사각형 틀 안에 구상하는 연습을 해야, 최종 결과물도 이모티콘으로서의 완성도를 갖출 수 있습니다. 아주 초기 단계의 스케치에서는 이러한 틀이 방해될 수 있으니 내가 원하는 캐릭터가 충분히 구상되면 정사각형 틀을 이용해서 멘트를 하나씩 그림으로 표현해보세요.

2) 스케치하기

이제 스케치할 시간입니다. 스케치할 때는 주로 연필 도구(아이콘 사진)로 그리는 것이 좋습니다. 선을 덧대어 그려도 지저분하지 않고, 손 그림의 느낌으로 자유롭게 표현되기 때문입니다. 저는 주로 데생 연필 도구로 스케치합니다.

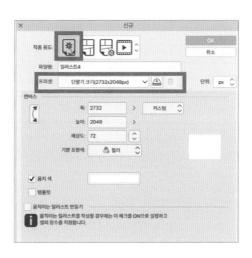

❶ 신규 버튼을 눌러 작품 용도는 '일러스트', 프리셋은 '단말기 크기'로 선택한 후 새 캔버스를 만듭니다.

❷ 레이어 팔레트에서 '레이어 1'을 선택하고, 연필 도구(　　)
로 스케치를 자유롭게 그려줍니다. 레스터 레이어를 추가해서 직
선 도구로 보조선을 긋는 것도 좋습니다.

스케치 할 때의 연필 설정

- 브러시 크기는 5~10 사이가 적당합니다.
- 안티에일리어싱은 두 번째 동그라미를 클릭합니다.
- 손떨림 보정 수치는 최대한 낮추어서 내 손이 가
  는 대로 그려지도록 하는 것이 좋습니다.

3) 스케치 과정에서 적용하면 좋은 팁

막상 멘트를 그리려고 하면 무엇부터 그려야 할지 막막할 수도
있습니다. 스케치 과정에서 적용하면 좋을 몇 가지 팁을 알려드

리겠습니다.

〈감정의 클라이맥스(정점)를 잊지 마세요〉

이모티콘은 내 감정을 대신 전달해주는 도구입니다. 따라서 내가 표현하는 감정을 과장되게 표현하는 것이 좋습니다. 슬픈 감정을 표현하는 그림을 그리겠다고 생각한다면 슬픔의 클라이맥스를 표현해야 합니다. 즉, 훌쩍이는 장면보다는 울음이 터지는 장면이 더욱더 효과적입니다.

〈소품을 이용하세요〉

우리가 슬플 때 어떤 도구를 이용하는지 생각해보세요. 눈물 콧물이 넘쳐 흘러 휴지나 손수건을 이용할 수 있겠죠? 이런 소품은 이모티콘 캐릭터의 감정이나 메시지를 전달하는 데 더 도움을 줄 수 있습니다. 또한, 캐릭터의 설정과 배경이 녹아들게 할 수도 있습니다. 스케치할 때는 캐릭터에게 어떤 소품을 쥐여줄지도 고민해보세요.

〈특수효과, 배경을 넣어보세요〉

캐릭터와 소품을 다 그렸지만, 어딘가 심심하다고 느껴진다면 특수효과와 배경을 넣어보세요. 화난 캐릭터라면 씩씩거리는 느낌

을 보여줄 수 있는 특수효과를 넣습니다. 더욱 화가 난 느낌을 주기 위해서 배경에 일렁이는 불꽃을 넣는다면 '화남'이라는 감정이 더욱 효과적으로 전달될 것입니다.

〈캐릭터에게 여러 동작을 시켜보세요〉

얼른 제안하고 싶은 마음에 급급해서 고민 없이 스케치하다 보면 뻔하고 재미없는 이모티콘이 될 가능성이 큽니다. 저 또한 처음 떠올린 그림은 식상한 경우가 많습니다. 적어도 하나의 멘트에 2~3가지 아이디어 스케치를 해보세요. 전체적인 완성도를 높일 수 있을 것입니다.

〈똑같은 감정이라도 다르게 생각해보세요〉

'웃음'이라는 멘트를 그림으로 옮긴다고 했을 때, 폭소일지 비웃음일지 억지웃음일지 선택지는 다양합니다. 하나의 감정이라도 여러 가지 방향을 생각해보고 내 이모티콘 컨셉에 가장 적절한 감정을 표현하는 것이 좋습니다.

〈그림 실력이 부족하다면 따라 그리며 연습하세요〉

위의 방법들은 다 알겠지만, 기본적으로 그림 실력이 부족해서 표현하는데 한계가 있다면 많이 막막할지도 모릅니다. 이럴 때는 이미 출시한 이모티콘을 따라 그리며 연습하는 기간을 꼭 거치는 것이 좋습니다. 화가처럼 미적 완성도가 높은 그림은 필요 없지만, 상품화할 수 있을 만한 그림을 그릴 수 있어야 합니다.

스케치를 완성하셨나요? 스케치는 빠르면 몇 시간 만에 끝낼 수도 있지만, 며칠이 걸릴 수도 있습니다. 스케치가 탄탄하면 뒤 작업은 생각보다 빨리 끝낼 수 있습니다. 시간이 걸리더라도 구성의 완성도를 높이는 데 집중하세요.

● 스케치 점검하기

스케치가 끝났다면 마지막으로 스케치를 점검해볼 차례입니다. 아래의 점검 리스트를 보며 수정할 부분을 찾아보세요.

〈기획안의 의도가 잘 반영되었나요?〉

기획안을 다시 꺼내어 읽어보고 스케치를 살펴보세요. 컨셉, 사용자, 멘트, 캐릭터가 기획 의도대로 잘 표현되었는지 확인합니다.

〈감정의 표현이 확실한가요?〉

그림을 처음 본다는 생각으로 살펴보세요. 어떤 감정 / 메시지인지 추측할 수 있나요? 멘트(텍스트)가 붙어서 보충 가능하다면 그대로 두세요. 멘트(텍스트)가 들어가더라도 어떤 감정인지 확와닿지 않는다면 수정합니다.

〈캐릭터에 통일성이 느껴지나요?〉

캐릭터의 크기나 생김새가 들쑥날쑥하지는 않은지 점검해봅니다. 캐릭터의 컨셉과 성격에 어긋나는 동작이나 표정은 없는지도 살펴봅니다.

〈그림 구성이 너무 과하거나 느슨하지는 않나요?〉

빈틈없이 너무 복잡한 그림이지는 않나요? 또는 캐릭터만 덩그러니 있는 것이 너무 심심해 보이지는 않나요? 소품, 배경, 특수 효과 등을 더하거나 뺄 곳은 없는지 점검해 봅니다.

〈꼭 필요한 멘트인가요?〉

이모티콘 구상 단계에서 만든 멘트를 그림에 넣어보세요. 그림만으로도 의미 전달이 충분하다면 멘트를 과감히 빼 봅니다. 멘트 자체가 재미있다면 그림만으로 충분해도 멘트를 넣는 것이 좋습니다. 멘트와 그림이 잘 어우러지는지를 살피며 스케치를 마무리합니다.

위의 다섯 질문에 자신 있게 네! 라고 대답했다면 스케치가 완성된 것입니다!

저는 보통 스케치를 완성하면 가까운 지인들에게 보여주고 의견을 묻습니다. 스케치 다음 단계는 비교적 단순하고 기계적인 일이기 때문에 마지막 점검을 받는 것이죠. 지인들이 스케치에 대해서 해주는 말 중에 받아들일 만한 것이 있다면 수정하는 게 좋습니다.

자, 이제 제안 파일을 만들기 위해 다음 단계로 가볼까요?

손가락 제스처로 실행취소, 다시실행 하는 방법 (중요!!!)

그림을 그리다보면 가장 많이 하는 기능이 '실행취소'와 '다시실행' 기능입니다. 아이패드 클립스튜디오에서는 손가락 제스처(또는 터치)로 이 기능들을 실행할 수 있습니다. 실행취소는 손가락 두 개로 화면을 가볍게 터치하면 됩니다. 반대로 다시실행은 손가락 세 개로 화면을 터치해보세요.

● TIP : 아이패드용 클립스튜디오 단축 키 설정하기

아이패드만으로 이모티콘을 작업하려니 키보드로 단축 키를 활용하지 못해 걱정하는 분들이 있습니다. 블루투스 키보드를 구매해서 이용해도 좋지만 '에지 키보드'를 이용하는 건 어떨까요?

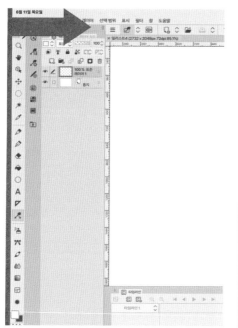 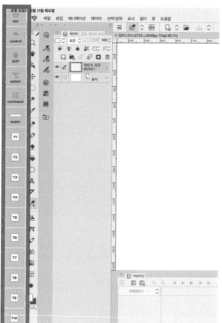

에지 키보드는 화면의 왼쪽 끝에 손가락을 댄 채 오른쪽으로 밀면 등장합니다. 자주 쓰는 기능을 이 에지 키보드에 설정해놓으면 키보드로 누르는 것보다 작업 시간이 단축됩니다. 에지 키보드에 단축 키를 입력하는 방법은 아래와 같습니다.

❶ 에지 키보드를 열어둔다.

❷ 클립스튜디오 아이콘 - 단축 키 설정에 들어간다.

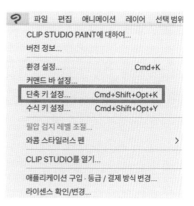

❸ 단축 키에 넣고 싶은 기능을 누르고 '단축 키 추가'를 누른다.

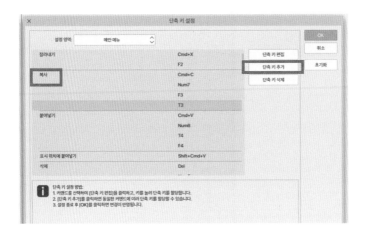

❹ 에지 키보드에서 원하는 단축 키를 누른다. (예: 복사 기능의
단축 키를 추가하고 에지 키보드에서 T3를 누른다)
❺ OK를 누르면 단축 키가 입력된다.

아래는 제가 평소 설정해두는 단축 키입니다.

T1	색 채우기	T2	선택한 색으로 바꾸기
T3	복사하기	T4	붙여넣기
T5	잘라내기	T6	신규 레이어 추가
T7	셀 일괄 지정	T8	프레임 레이트(속도) 설정
T9	셀(프레임) 복사하기	T10	셀(프레임) 붙여넣기

이렇게 단축 키를 설정해두고, 이모티콘을 그릴 때 왼손으로 단
축 키를 누르면 작업 속도가 눈에 띄게 빨라집니다. 지금 바로 단
축 키를 설정할 필요는 없습니다. 차차 작업하면서 자주 쓰는 기
능이 무엇인지 파악해보고 나만의 단축 키를 설정해보세요.

제안용 그림 파일
만들기

스케치를 완성했다면, 이제 제안용 그림 파일을 만들 차례입니다. 저마다 작업 방식이 다르므로 제가 알려드리는 방법이 정답은 아닙니다. 하나의 예라고 생각하시고 따라오시면 좋겠습니다.

저는 보통 스케치 파일 위에 외곽선 작업을 바로 합니다. 모든 시안을 한 화면에 작업해야 채색도 간편하고, 이모티콘을 전체적으로 조망하며 통일성을 유지할 수 있기 때문입니다.

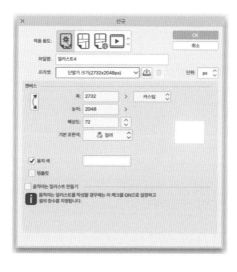

❶ 클립스튜디오를 실행하고 신규 아이콘을 눌러 아래와 같이 설정한 후에 OK를 누릅니다. 클립스튜디오에서 스케치를 그렸다면 이 단계는 생략합니다.

❷ 손으로 스케치를 그렸다면 스케치 사진을 불러옵니다.

메뉴 - 파일 - 가져오기 - 포토 라이브러리에서…

❸ 스케치 그림 레이어 위에 폴더(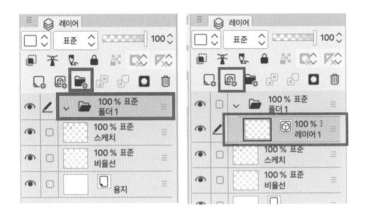)를 하나 만들고, 그 폴더 속에 벡터 레이어( )를 하나 추가합니다.

레이어를 추가하는 방법은 두 가지 중 하나를 선택하면 됩니다.

1) 메뉴 - 레이어 - 신규 레이어 - 레스터 레이어 / 벡터 레이어
2) 레이어 팔레트에서 신규 레이어 버튼(사진) 누르기

레이어 이해하기

레이어는 내가 그리고자 하는 그림을 여러 층(레이어)으로 나누어서 그릴 수 있도록 도와주는 기능입니다.
하나의 그림 안에도 다음 그림처럼 여러 레이어를 나누어 작업할 수 있습니다. 레이어를 나누어 작업하는 가장 큰 이유는 수정의

편리함 때문입니다. 외곽선만 수정하고 싶을 때, 특정한 부분의
색만 수정하고 싶을 때 등 다른 부분에는 영향을 주지 않고 수정
이 가능합니다. 따라서 레이어는 선 레이어, 채색 레이어 등 비슷
한 종류로 나누어 작업하는 것이 좋습니다.

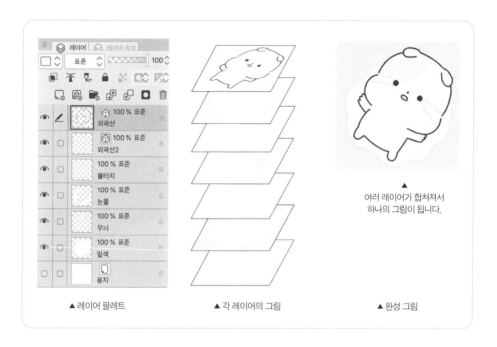

▲ 레이어 팔레트　　　　▲ 각 레이어의 그림　　　　▲ 완성 그림

여러 레이어가 합쳐져서
하나의 그림이 됩니다.

클립 스튜디오에서 레이어는 크게 레스터 레이어와 벡터 레이어
로 나뉩니다. 이름이 조금 낯설지만 이렇게 생각하면 이해가 쉽
습니다.

레스터 레이어 = 채색 레이어
벡터 레이어 = 선 레이어

● 벡터 레이어 (=선 레이어)

선을 그릴 때는 벡터 레이어를 사용하는 것이 좋습니다. 수정하기 쉽기 때문입니다. '벡터' 방식의 그림은 작업 중 아무리 확대하거나 축소하더라도 이미지의 품질에 영향을 주지 않습니다. 이모티콘을 그릴 때 선을 벡터 레이어로 그리면 작업 중에 언제든지 선의 두께를 바꿀 수 있고, 선의 형태를 자세하게 조정할 수 있습니다.

▲작업 시 확대해도 깨지지 않음

● 레스터 레이어 (=채색 레이어)

레스터 레이어는 벡터 레이어와 달리 확대/축소하면 이미지의 질이 나빠지고 변형이 일어납니다. 대신에 벡터 레이어보다 변형이 쉽고 여러 효과를 적용할 수 있는 레이어입니다. 클립스튜디오에서는 레스터 레이어에서만 채우기 도구(   )의 사용이 가능하므로 모든 채색은 레스터 레이어에 하는 것이 좋습니다.

▲작업 시 확대하면 깨져 보임

● 레이어 팔레트 (중요!)

레이어를 조작할 수 있는 곳을 '레이어 팔레트'라고 부릅니다. 레이어 팔레트 안에서도 이모티콘 제작에 쓰이는 중요한 기능들을 정리하고 넘어가겠습니다. 레이어 팔레트가 보이지 않는다면 메뉴 - 창 - 레이어에서 켤 수 있습니다.

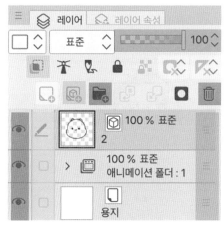

● 레이어 투명도를 조절합니다.
⊕ 클리핑 마스크를 끄고 켭니다.
  레스터 레이어를 추가합니다.
● 벡터 레이어를 추가합니다.
● 새로운 폴더를 추가합니다.
  레이어를 아래 레이어와 하나로 합칩
니다.
● 선택한 레이어를 삭제합니다.
● 레이어의 눈을 켜면 레이어가 보이고
눈을 끄면 레이어가 보이지 않습니다.
  여러 개의 레이어를 동시에 선택할 때
클릭합니다.
● 레이어를 다른 순서로 이동하고 싶을 때 클릭한 채로 순서를 조정합
니다.

펜 설정하기

빈 캔버스에 스케치 그림과 벡터 레이어를 추가했다면 이제 깔끔
한 외곽선을 그릴 차례입니다. 선을 그리는 도구는 펜(   )을
사용합니다.

평소 이모티콘을 많이 사용하거나 살펴봤다면 아시겠지만, 이모
티콘의 외곽선은 다양한 선으로 표현됩니다. 펜 설정에 따라 달
라지는 느낌을 살펴봅시다.

● 펜 종류에 따라 달라지는 그림 느낌

거친 느낌의 펜   색연필 느낌의 펜   진하고 깔끔한 느낌의 펜

사랑이 어려운 알라리
- 에렘

판다마우스 판다요!
- 하야루비

봄이는 귀염뽀짝~!!
- 모리

펜 종류에 따라 다른 느낌의 이모티콘

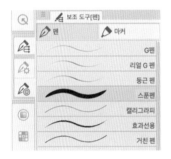

우리가 생활 속에서 쓰는 다양한 필기구를 생각해보면 네임펜, 똑딱이 펜, 삼색 펜, 보드마카, 만년필 등이 모두 다른 느낌을 줍니다. 마찬가지로 클립스튜디오의 펜들도 각각 다른 느낌을 표현하도록 도와줍니다. 손그림처럼 거친 느낌을 줄 수도 있고, 디지털 일러스트처럼 깔끔한 느낌을 주기도 합니다.

여러분의 이모티콘 컨셉에 맞는 펜을 골라보세요. 참고로 저는 '스푼펜'으로 깔끔한 느낌의 외곽선을 그리고, '거친 펜'으로 손그림 같은 외곽선을 표현하는 편입니다.

● 선 굵기가 주는 다양한 느낌

배짱 좋은 베짱이의 일상
- 삐야

백문조 방뭉이
- 로건

소심 폭발 소시미
- 소시미

선 굵기가 다른 이모티콘

이모티콘을 살펴보면 선 굵기가 굵은 것도 있고 얇은 것도 있습니다. 선이 굵으면 또렷하고 보기 좋지만 그림이 복잡해지면 굵은 선들이 겹쳐져 다소 답답한 느낌을 줄 수 있습니다. 선의 굵기가 가늘면 복잡한 그림도 깔끔하게 나타낼 수 있지만 그림이 주는 느낌이 다소 가볍고 불안정해 보일 수 있습니다.

그렇다면 어느 정도가 적당할까요? 이미 출시한 이모티콘들에 답이 있습니다. 360×360 픽셀의 캔버스에서 보통 3~5 정도의 굵기가 적당합니다.

참고!

벡터 레이어에 선을 그리면 선의 굵기를 언제든지 수정할 수 있으므로 내 이모티콘에 맞는 굵기를 찾아보세요. 실제 이모티콘과 비슷한 크기로 캔버스를 축소해서 감을 잡으시면 되겠습니다.

● 선의 색이 주는 다양한 느낌

아구 귀요오
조무랭 와씀다
짜   쟌

귀욤달달 사랑꾼 쪼꼬댕
- 어나

하찮지만 귀여워, 조무랭 나부랭
- 멜로

보글보글 보구리
- 휴진씨/재미제이

선 색이 다른 이모티콘

선의 굵기만큼 중요한 것이 선 색입니다. 카카오톡 대화창 배경은 쓰는 사람마다 다양합니다. 사용자의 대화창 배경이 흰색이든, 검은색이든, 하늘색이든, 사진이든 이모티콘 캐릭터가 잘 보일 수 있는 외곽선이 필요합니다. 이 때문에 대부분의 이모티콘은 검은색 외곽선을 사용합니다. 하지만 검은색 선은 딱딱하고 차가운 느낌을 줄 수 있어, 일부 이모티콘은 진한 갈색의 선을 이용해 따뜻한 느낌을 주기도 합니다. 정답은 없으니 만들고자 하는 이모티콘과 어울리는 색을 정하면 되겠습니다. 선 색 또한 수정할 수 있으니, 다양하게 적용해보는 것도 좋습니다.

● 필압이 주는 다양한 느낌

필압은 펜을 화면에 누르는 세기에 따라 선의 굵기가 나오는 정도를 말합니다. 이모티콘은 작은 화면에 표현하는 그림이기 때문에 선 굵기가 일정하지 않으면 작은 화면 안에서 완성도가 떨어져보일 수도 있습니다. 따라서 필압은 설정에서 최소화해두는 것을 추천해 드립니다. 다음 방법을 따라해보세요.

 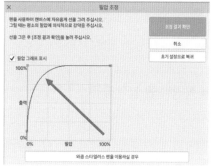

❶ 메뉴 - 클립스튜디오 아이콘 - 필압 검지 레벨 조정 ❷ 화살표 방향으로 곡선을 끌어올린다

● 손떨림이 주는 다양한 느낌

손떨림에 따른 선의 차이

우리 손은 기계가 아니기 때문에 한 번에 깔끔한 선을 그릴 수 없습니다. 이러한 한계를 보완해주는 기능이 '손떨림 보정' 기능입니다. 펜의 도구 속성(왼쪽 그림)에 들어가면 보정 수치를 원하는 만큼 조절할 수 있습니다.

손떨림이 없는 선이 무조건 좋은 것은 아닙니다. '대충 그린' 스타일의 이모티콘들을 보면, 선이 의도적으로 쭈글쭈글한 느낌으로 그려져 있습니다. 이런 느낌을

내고 싶으시다면 손떨림 보정 수치를 낮추어 손의 미세한 떨림을
선에 표현할 수도 있습니다.

● 작가의 펜 설정 공유

위에서 설명한 내용을 읽어보아도 설정을 어떻게 해야 할지 모르
겠다면 제 펜 설정을 그대로 따라 해보세요.

깔끔하고 따뜻한 일러스트 느낌의 선

- 펜 종류 : 스푼펜
- 선 색 : 갈색
- 손떨림 방지 수치 : 90

손그림 느낌의 선

- 펜 종류 : 거친 펜
- 선 색 : 검정
- 손떨림 방지 수치 : 10

● 다양한 펜 소재 다운 받기

클립스튜디오 안에 원하는 펜이 없을 때는 다른 펜을 다운 받
아 사용할 수도 있습니다. 클립스튜디오 공식 소재 홈페이지
(assets.clip-studio.com/ko-ko)에 들어가시면 사용자들이 만
든 다양한 브러시를 다운 받아 사용할 수도 있습니다.

스케치 따라 외곽선 그리기

자, 이제 선택한 펜을 가지고 벡터 레이어에 스케치를 따라 외곽

선을 그려봅시다. 스케치가 너무 진하다면 스케치 레이어의 투명
도를 낮춰서 그리면 됩니다.

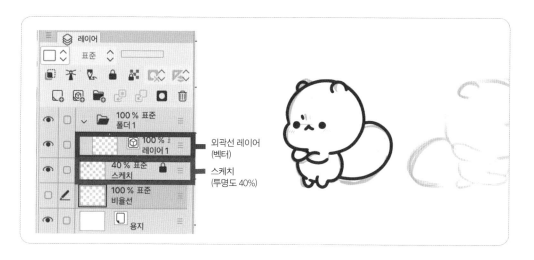

외곽선 레이어
(벡터)

스케치
(투명도 40%)

선 지우기 (벡터 지우기)

벡터 레이어에 선을 그려보았나요? 한 번에 그리기는 어려울 것
입니다. 벡터 레이어에서 선을 그리는데 능률을 높여주는 기능인
'벡터 지우기'를 사용해보세요. 벡터 지우기는 벡터 레이어에 그
려진 선이나 그림에만 사용 가능한 지우기 기능입니다. 지우개
도구( )를 누르고 도구 속성( )에 들어가면 '벡터 지우
기'를 선택할 수 있습니다. (레스터 레이어에서는 벡터 지우기가
활성화되지 않습니다)

1) 접히는 부분
선의 토막토막을 지워주는 기능입니다. 벡터 선을 아주 조금씩 지워낼 때 사용합니다.

2) 교점까지
가장 많이 사용하는 지우기입니다. 바깥으로 튀어나온 부분을 다른 선과 겹치는 부분까지 지워줍니다.

3) 선 전체
선들이 겹쳐 있어도 지우고자 하는 선만 전체를 지워줍니다. 지워지는 범위가 넓어 잘 사용하지는 않습니다.

| 1) 접하는 부분 | 2) 교점까지 | 3) 선 전체 |

빨간 선을 '벡터 지우기'로 지울 경우의 예

벡터 지우기를 이용하면 그림의 수정이 아주 편리해지고 빨라집니다. 주저 없이 선을 그리고, 불필요한 부분을 지우면서 이모티콘의 외곽선을 만들어보세요.

선 세밀하게 수정하기

선을 그리는 도중에 선을 새로 그리지 않고 아주 조금만 수정하고 싶다면 다음 두 가지 방법을 이용할 수 있습니다. 클립스튜디오의 아주 유용한 기능입니다.

● 오브젝트 도구를 이용해 수정하기

오브젝트는 내가 그은 선을 하나의 덩어리로 잡고 수정할 수 있는 기능입니다. 조작( )도구를 눌러 오브젝트를 선택하면 활성화됩니다.

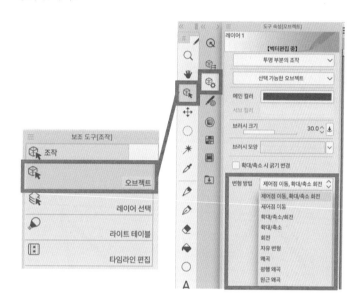

오브젝트를 이용해 선을 변형하는 방법은 크게 아홉 가지가 있습니다. 오브젝트의 도구 속성에 들어가면 위와 같이 다양한 '변형 방법'을 선택할 수 있습니다. 이 중에서 많이 쓰는 두 가지 변형 방법을 알려드리겠습니다.

1) 제어점 이동, 확대/축소 회전

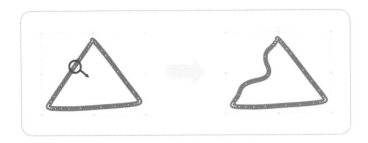

선의 아주 세밀한 부분까지 조절하는 방법입니다. 그려놓은 선을 점 단위로 표현해서 삐뚤삐뚤하거나 툭 튀어나온 부분이 있을 때, 제어점들을 조절하면 깔끔한 선으로 수정할 수 있습니다.

2) 확대/축소/회전

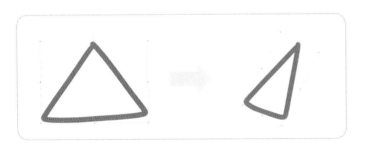

선 전체를 ① 확대/축소/회전하거나 ② 가로/세로의 비율을 변경하고 싶을 때, ③ 다른 곳으로 이동하고 싶을 때 사용합니다.
단, 확대/축소해도 선 굵기는 바뀌지 않도록, ☐ 확대/축소 시 굵기 변경
부분의 체크를 해제하는 것이 좋습니다.

● 선 수정 도구를 이용해 수정하기
도구 팔레트의 '선 수정' 아이콘(✎)을 클릭하면 다양한 선 수정 기능을 선택할 수 있습니다.

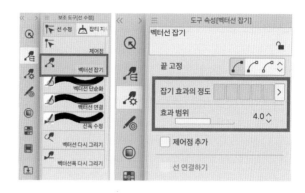

이 기능 중에서는 '벡터선 잡기'를 가장 많이 사용합니다. 말 그대로 그려놓은 선을 꼬집듯이 잡아 다른 방향으로 늘리거나 줄일 수 있는 기능입니다. 예를 들어 그린 캐릭터의 볼을 더 튀어나오도록 수정하고 싶다면 이 '벡터선 잡기'로 선을 끌어 수정할 수 있습니다.

선을 끄는 범위가 너무 작거나 크다면 도구 속성에 들어가서 잡기 효과의 정도와 효과 범위 수치를 조절합니다. 몇 번 사용하다 보면 사용하는데 감을 잡으실 수 있을 것입니다.

벡터선 잡기의 예 - 캐릭터 볼 부분 선을 잡고 옆으로 늘림

이외의 선 수정 기능들은 앞서 설명한 '오브젝트'를 이용하여도 되기 때문에 설명은 생략하겠습니다. 개인적으로 필요한 기능이라면 하나씩 눌러서 사용하고 익혀보세요.

선 굵기 / 선 색 수정하기

선의 굵기와 색을 수정할 때에도 조작 - 오브젝트 기능()을
사용할 수 있습니다. 오브젝트 도구를 누르고 수정을 하고 싶은
선의 범위를 드래그하면 그 부분의 선이 하나의 오브젝트로 선택
됩니다. (이 기능은 벡터 레이어에서만 가능함)

❶ 조작 도구를 선택하고 애플 펜슬로
그림 부분을 드래그합니다.

❷ 그림 부분의 오브젝트가 선택됩니다.

❸ 이 상태에서 오브젝트 도구 속성에
들어가면 메인컬러(선 색)와 브러시 크
기(선 굵기)를 수정할 수 있습니다.

브러시 크기(선 굵기)를 수정한 예	메인컬러(선 색)를 수정한 예

132

외곽선 그리기 단계 정리 및 요약

1. 스케치 레이어(레스터 레이어) 위에 선 레이어(벡터 레이어)를 추가한다.
2. 스케치 레이어의 투명도를 조절해서 연하게 만든다.
3. 원하는 '펜'을 선택 후 펜 설정을 나에게 맞게 조정한다. (굵기, 색, 손떨림 방지 등)
4. 스케치를 따라 벡터 레이어에 선을 그리고, 수정한다.
5. 선을 수정할 때에는 '오브젝트'와 '벡터선 잡기'를 이용하면 편리하다.

채색하기

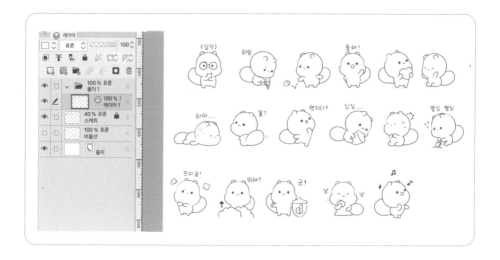

스케치 위에 외곽선을 다 그리셨다면 레이어는 아마 이렇게 되어 있을 것입니다. 잘하셨습니다! 이제는 채색할 차례입니다. 채색은 단순노동에 가까우니 힘내서 따라오세요!

● 채색 레이어 추가하기

채색하기 위해서는 채색용 레이어를 만들어야 합니다. 그렇다면 어떤 종류의 레이어를 추가해야 할까요? 정답은 '레스터 레이어' 입니다. 레이어 팔레트에서 신규 레스터 레이어 아이콘(⬚⊕) 을 클릭하면 스케치 레이어 위에 새로운 레이어가 추가됩니다. 새로운 레이어의 이름을 '밑색'으로 바꿔줍니다. (레이어를 더블 클릭하면 이름을 바꿀 수 있습니다)
이제 스케치 레이어는 필요 없으니 스케치 레이어의 눈(👁) 을 꺼둡니다.

● 여러 가지 방법으로 밑색 채우기

저는 채색 단계에서 가장 먼저 하는 일이 캐릭터 덩어리들에 밑 색을 까는 것입니다. 몸 전체에서 가장 큰 비중을 차지하는 밑색 을 깔아주면 부분부분 채색이 덜 되는 실수를 줄일 수 있고 클리 핑 마스크(142쪽 참조)를 이용해 효율적인 채색을 할 수 있습니 다. 밑색 채우기에는 두 가지 방법이 있습니다.

1) 첫 번째 방법 : 채우기 도구로 밑색 채우기 (난이도-쉬움 / 편리함-낮음)

우선 가장 기초적인 방법인 채우기 도구로 밑색을 채우는 방법을 알려드리겠습니다. 이 방법은 아주 간단하지만, 캐릭터 하나하나에 따로 채색해야 해서 효율성은 다소 떨어집니다.

❶ 레스터 레이어를 하나 추가합니다. 추가된 레이어 2(레스터 레이어)를 외곽선 레이어 아래로 옮겨줍니다.

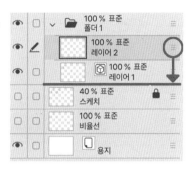

❷ 도구 팔레트에서 밑색으로 사용할 색을 선택하고, 채우기 도구를 클릭하세요.

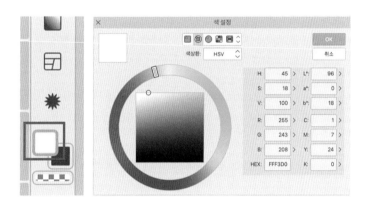

❸ '애플 펜슬'로 색을 채우고 싶은 부분을 클릭합니다. 가까운 범위의 채색은 애플 펜슬을 화면에서 떼지 않은 상태에서 끌 듯이 한 번에 채색해줍니다.

* 색이 선 바깥으로 튀어나갈 경우, 채우기 도구 속성에서 '여러 레이어를 참조 설정'을 켜주세요.

2) 두 번째 방법 : 오토 액션으로 밑색 채우기 (난이도-어려움 / 편리함-높음)

오토 액션 기능은 작업 시 자주 사용하는 도구의 사용 순서를 '녹화'하듯이 저장해두고 필요할 때 클릭 한 번으로 실행하는 기능입니다. 예를 들어, 우리 생활 속에서 '양치하기'를 오토 액션으로 만든다고 한다면,

> 화장실 불 켜기 - 실내화 신기 - 컵에 물 받기 - 칫솔에 치약 묻히기 - 이 닦기 - 물로 입 헹구기 - 칫솔 꽂기 - 수건으로 입 닦기 - 신발 벗고 나오기 - 화장실 불 끄기

이 순서를 오토 액션으로 만들어둔 뒤에 '양치하기' 버튼으로 모든 과정을 한 번에 실행되도록 하는 원리입니다.

그럼, 클릭 한 번으로 이모티콘 전체에 밑색을 칠할 수 있도록, 오토 액션을 만들어봅시다.

❶ '외곽선' 레이어를 선택하고, 자동선택 도구(✳)로 캐릭터 바깥쪽을 클릭합니다. (모든 캐릭터 바깥의 배경 부분이 한 번에 선택됩니다)

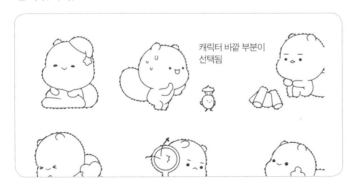

캐릭터 바깥 부분이 선택됨

❷ 오토 액션 팔레트가 보이지 않는다면 메뉴 - 창 - 오토 액션을 눌러 팔레트를 켭니다.

❸ 오토 액션 팔레트 가장 아래쪽에 있는 신규 액션 만들기 버튼 (★)을 클릭합니다. 그리고 녹화 버튼(◆)을 누릅니다. (액션 녹화가 시작됩니다)

❹ 외곽선 레이어 위에 레스터 레이어를 새로 추가합니다.

❺ 메뉴 - 선택 범위 - 선택 범위 반전을 클릭합니다. (선택 범위가 반대로 됩니다)

❻ 메뉴 - 선택 범위 - 선택 범위 축소를 누르고 아래와 같이 설정합니다.

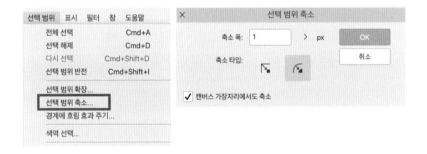

❼ 메뉴 - 편집 - 채우기를 클릭합니다. (캐릭터 부분이 모두 선택된 색으로 채워집니다)

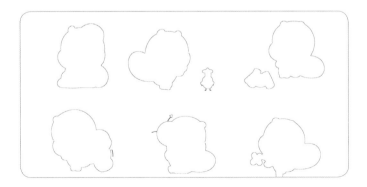

❽ 메뉴 - 선택 범위 - 선택 해제를 클릭합니다. (선택 범위 눈금 선이 사라집니다)

❾ 오토 액션 팔레트의 정지 버튼을 클릭합니다.

❿ 밑색 레이어를 외곽선 레이어 아래쪽으로 이동시킵니다.

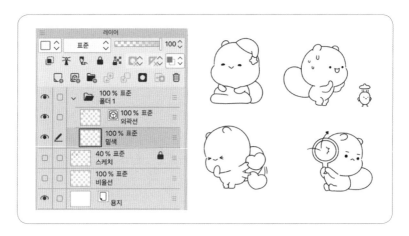

드디어 '밑색 칠하기' 오토 액션 이 만들어졌습니다.

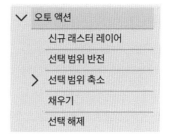

이렇게 만들어둔 오토 액션은 새로운 이모티콘의 밑색을 채색할 때마다 사용하면 아주 편리합니다. 어려워 보여도 한 번 따라해 보세요.

● 나머지 부분 채색하기

캐릭터 전체에 밑색이 깔렸다면 이제는 나머지 부분을 채색해야
합니다. 24개(32개)의 이모티콘을 어떤 색으로 칠할지 생각해보
셨나요? 채색하기 전에 이모티콘에 쓰이는 색에 대해서 잠깐 짚
고 넘어가겠습니다.

1) 전체적인 색감 정하기

이모티콘샵을 보면 흰색만으로 또는 흑백으로 채색된 이모티콘
도 있고, 다양한 색으로 꽉 채워진 이모티콘도 있습니다. 이모티
콘의 색에 정답은 없지만, 보기 좋은 색은 분명 있습니다. 그렇다
면 여러분의 이모티콘은 어떤 색으로 채워야 할까요?

컨셉에 따른 색감 차이

첫 번째로 '컨셉'을 생각해봅니다. 내 이모티콘이 장난스럽고 단
순한 느낌의 컨셉이라면 색은 최소한으로 쓰는 게 좋습니다. 색
이 많이 들어갈수록 '완성도 높은 그림'이라는 느낌이 들어 컨셉
과 맞지 않는 인상을 줄 수 있습니다. 반면에 귀엽고 사랑스러운
느낌의 컨셉이라면 좀 더 다양한 색을 사용해야 합니다. 아주 진
한 원색은 촌스러운 느낌을 줄 수 있으니 파스텔톤의 색이 좋습
니다.

두 번째로 이모티콘의 '사용자'를 생각해봅니다. 1부 72쪽에서 설명했듯이 나이별 선호 이모티콘 순위를 보면 색을 사용하는 방식이 다릅니다.

사용자에 따른 색감 차이

1020 타깃의 이모티콘은 색이 단순하고, 3040 인기 이모티콘은 색이 다양한 경향이 있습니다. 내 이모티콘의 예상 사용자를 생각해보고 색감을 정해봅시다.

2) 포인트 색 정하기

이모티콘에 전체적인 통일성을 주기 위해 '포인트 색'을 사용하는 것도 좋습니다.

포인트 색과 소품의 색을 비슷한 색 계열로 채색한 예

예를 들어 노란색을 포인트 색으로 정하셨다면, 나오는 소품이나 효과도 비슷한 색감을 이용하는 편이 좋습니다. 강조해야 하는 부분이 아니라면 비슷한 색 계열을 사용해야 이모티콘 전체의 통일성이 느껴지게 됩니다.

3) 채색하기

밑색 레이어 위에 레스터 레이어를 추가하고, 레이어 이름을 '채색'이라고 바꿔줍니다.

그리고 채우기 도구( )나 펜 도구를 이용해 색이 들어가는 부분을 채색해주세요. 이때 같은 색깔별로 레이어를 구분하는 것도 좋습니다. 채색이 끝난 후에 특정 색깔만 조정하려면 레이어가 분리돼 있어야 간편하기 때문입니다.

4) 클리핑 마스크 레이어로 채색하기

클리핑 마스크 레이어란 특정 레이어만을 기준으로 삼아, 그 영역 안에서만 그림을 그릴 수 있는 레이어입니다. 클리핑 마스크를 설정하는 방법은 다음과 같습니다.

❶ 기준으로 삼을 레이어 위에
새 레이어( )를 추가한다.
❷ 레이어 팔레트의 클리핑 마스
크 아이콘( )을 클릭한다.

〈캐릭터 볼 표현〉

이모티콘에서는 귀여움을 더하기 위해 캐릭터의 볼 부분에 볼 터
치를 넣는 경우가 많습니다. 이 볼 터치를 그리면 캐릭터 얼굴 바
깥으로 튀어나가 그리기가 어려운데 이때 클리핑 마스크 레이어
를 활용하면 됩니다.

| 클리핑 마스크 적용 전 | 밑색 범위 바깥으로 볼이 튀어 나간다. |

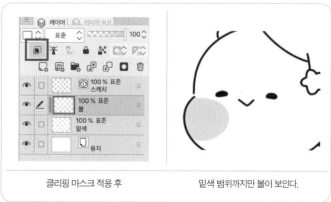

| 클리핑 마스크 적용 후 | 밑색 범위까지만 볼이 보인다. |

'밑색 레이어' 위에 레스터 레이어를 하나 추가하고 클리핑 마스크 아이콘을 클릭합니다. 그리고 볼 터치를 그려보세요. '밑색 레이어'에서 채색된 범위 안에서만 표현되기 때문에, 볼 터치가 얼굴 바깥으로 벗어나지 않습니다.

〈캐릭터 그림자 표현〉

| 클리핑 마스크 적용 전 | 클리핑 마스크 적용 후 |

캐릭터의 얼굴에 드리운 그림자를 표현하고 싶을 때도 클리핑 마스크 레이어를 이용할 수 있습니다. 마찬가지로 '밑색 레이어' 위에 레스터 레이어를 추가하고 클리핑 마스크 아이콘을 누릅니다. 그리고 레이어의 투명도를 낮춰서 아래 그림이 비치도록 합니다. 검은색 펜으로 그림자를 표현하면, 어둡고 투명한 그림자를 만들 수 있습니다.

〈캐릭터 옷 무늬 표현〉

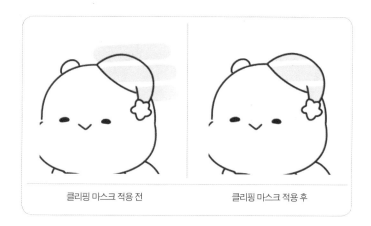

| 클리핑 마스크 적용 전 | 클리핑 마스크 적용 후 |

예시 그림과 같이 캐릭터의 옷에 무늬를 넣을 때도 같은 방법을 이용하면 편리하게 무늬를 넣을 수 있습니다.

5) 색 조정 / 색 바꾸기

채색하고 나니 색이 마음에 들지 않을 때 색을 조정하거나 한 번에 바꿀 수 있습니다. 단, 이 경우에는 한 레이어 안에 있는 모든 색이 바뀌므로 색깔별로 레이어를 미리 구분해 놓아야 합니다.

〈색 조정하기〉

색을 조정하고 싶은 레이어를 선택한 후에, '메뉴 - 편집 - 색조 보정 - 색조/채도/명도'를 눌러 원하는 색으로 조정합니다.

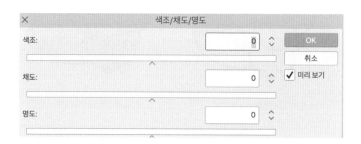

| 밑색 레이어 색 조정 전 | 밑색 레이어 색 조정 후 |

〈색 바꾸기〉

색 선택 부분에서 바꾸고 싶은 색을 선택합니다.
'메뉴 - 편집 - 선 색을 그리기색으로 변경'을 선택합
니다. (자주 쓰는 기능이기 때문에 에지 키보드에
단축 키를 등록해 놓으면 편리합니다)

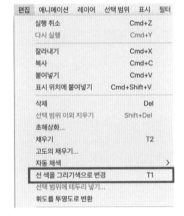

| 밑색 레이어 색 바꾸기 전 | 밑색 레이어 색 바꾸기 후 |

6) 컬러 세트 만들기

이모티콘을 그리다 보면 비슷한
색을 자주 사용하는 일이 생깁니
다. 컬러 세트는 많이 쓰는 색을
팔레트처럼 모아놓고 사용할 수
있는 도구입니다.

특히 움직이는 이모티콘의 경우
에는 똑같은 캐릭터로 수백 장을

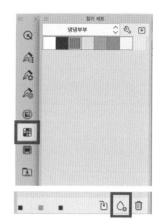

채색해야 하므로, 이렇게 컬러 세트를 만들어 놓으면 원하는 색
을 빨리 뽑아 사용할 수 있어 아주 편리합니다.

채색이 완료되면 여러분의 레이어는 이런 모습과 비슷하게 될 것
입니다.

이제 채색을 어떻게 하는지 아시겠나요? 내용이 다소 많아 복잡
하지만, 무엇보다 중요한 것은 '직접 해보기'입니다. 천천히 하나
씩 따라해보세요. 그래도 어렵다면 3부에서 더 자세히 연습해보

시길 추천합니다.

채색 과정 간단 요약

1. 선 레이어 아래쪽에 밑색(레스터) 레이어를 추가한다.
2. 채우기 도구 또는 오토 액션을 이용해 '밑색'을 넣는다.
3. 밑색 레이어 위에 채색 레이어(레스터 레이어)를 추가한다.
4. 나머지 부분에 색을 넣는다.
5. 캐릭터의 옷이나 무늬 같은 경우에는 '클리핑 마스크 레이어'를
   이용해서 간편하게 칠한다.

이모티콘 24개(32개)를 따로 나누기

채색까지 다 했다면 이제 마지막으로 텍스트를 넣을 차례입니다.
하지만 그 전에 그림들을 하나하나 따로 분리해서 옮기는 작업부
터 해야 합니다. 지금과 같이 전체 창에 작업하면 나중에 텍스트
를 하나하나 옮기기가 번거로워집니다.

❶ 외곽선, 채색 레이어가 들어 있는 폴더를 선택합니다.

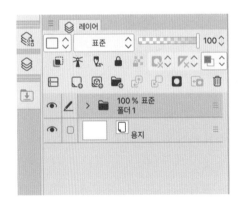

❷ 선택범위 도구()를 이용해 하나의 이모티콘 부분만 선택합니다.

❸ 선택 부분을 복사합니다. (메뉴 - 편집 - 복사)

❹ 아래 설정과 같이 신규 파일을 만듭니다. (타임라인 부분 설정을 반드시 똑같게 설정하세요)

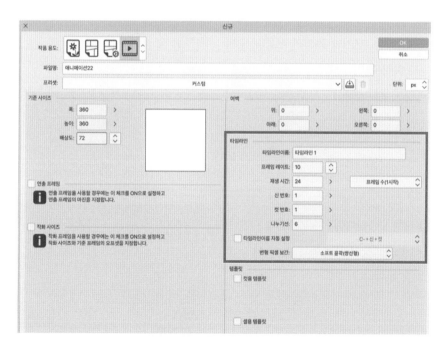

❺ '애니메이션 폴더' 안에 있는 '1' 레이어를 휴지통에 넣습니다.

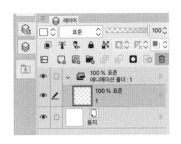

❻ '애니메이션 폴더'를 선택하고 복사했던 그림 폴더를 붙여넣기 합니다. (메뉴 - 편집 - 붙여넣기)

이 과정을 반복해서 나머지 이모티콘 그림도 각각 복사하고 '애니메이션 폴더' 안에 붙여넣기 하세요. 붙여넣기 후에 그림이 보이지 않아도 걱정하지 마세요. 아직은 타임라인에 그림이 등록되지 않아서 보이지 않습니다.

❼ '애니메이션 폴더' 안에 24개의 폴더가 생겨납니다. 생겨난 폴더의 이름을 순서대로 바꿔주세요.

(메뉴 - 애니메이션 - 트랙편집 - 레이어 순번으로 정규화 클릭)

❽ 메뉴 - 애니메이션 - 트랙편집 - 셀 일괄 지정을 눌러 오른쪽과 같이 설정 후 OK를 누릅니다.

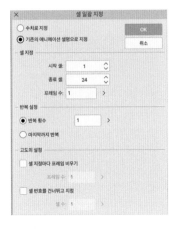

❾ 타임라인에 이모티콘이 모두 분리되어 들어간 것을 볼 수 있습니다. 아직 타임라인을 학습하지 않았으므로, 자세히는 몰라도 괜찮습니다. (자세한 설명은 174쪽 참고)

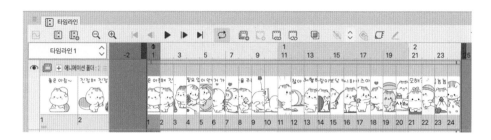

이런 복잡한 작업을 하는 이유는, 완성 후 24개(32)의 이모티콘을 한꺼번에 저장할 수 있기 때문입니다.

그림 크기를 변형하는 방법

이모티콘을 따로 정리하다 보면, 이모티콘 그림의 크기를 변경해야 하는 경우가 생깁니다. 그림의 크기를 변경하는 가장 쉬운 방법은 아래와 같습니다.

❶ 크기를 바꾸고 싶은 그림 전체(폴더)를 선택한다.

❷ 커스텀 바에서 크기 변형 아이콘을 클릭한다. (또는 메뉴 - 편집 - 변형 - 확대/축소/변형)

❸ 원하는 크기로 변경한다.

가끔 설정이 잘못되어 있으면, 외곽선의 두께가 변경되지 않는 경우가 생깁니다. 이럴 때에는 크기 변형 상자가 선택된 상태에서, 오브젝트 도구 속성 팔레트의 '벡터 두께 변경' 부분을 해제하면 되겠습니다. 반대로 두께를 일정하게 유지하고 싶다면 이 부분을 체크하면 됩니다.

텍스트(글자) 넣기

이제 각 이모티콘에 텍스트를 넣을 차례입니다. 각 이모티콘 폴더에 텍스트를 넣어봅시다. 구상 단계에서 준비했던 멘트를 적당한 위치에 넣어주면 되겠습니다.

● 이모티콘과 어울리는 폰트 찾기

이모티콘에 어울리는 폰트를 찾기 위해서는 많은 폰트를 보고 적용해봐야 합니다. 단, 무료로 이용 가능한 폰트만 사용해야 합니다. 폰트에도 저작권이 있으므로 '상업적으로 이용 가능한 무료 폰트'만 이모티콘에 사용할 수 있습니다. 제가 추천해 드리는 폰트 사이트는 '눈누'입니다. (https://noonnu.cc)

수많은 폰트를 소개한 사이트로, 이모티콘에 사용할 수 있는 무료 폰트들이 많습니다. '상업적 사용'이 가능한지 사용 범위를 꼼꼼히 확인한 후에 사용하세요.

이모티콘에 맞는 폰트는 무엇일까요? 이모티콘은 작은 화면 안에서 보이기 때문에 무엇보다도 중요한 것은 가독성입니다.

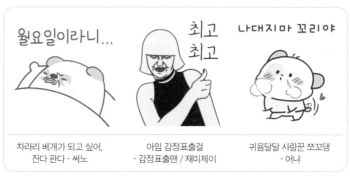

다양한 폰트를 사용하는 이모티콘

주로 '고딕체'에 해당하는 폰트들이 많이 쓰입니다. 저는 보통 이모티콘의 외곽선과 비슷한 두께의 폰트를 사용합니다. 외곽선보다 폰트 두께가 두꺼우면 이질적인 느낌을 줄 수 있습니다. 많이 사용하는 폰트는 배달의민족 폰트, 네이버 무료 폰트 등이 있습니다.

● **아이패드에 폰트 다운로드 / 설치하기**

폰트 파일을 다운로드했다면 아이패드에 폰트를 설치해야 합니다. 폰트를 설치하려면 아이패드에 'Right Font' 앱이 있어야 합니다.

❶ 앱 스토어에서 Right Font를 검색한 후 설치합니다.

❷ Right Font를 실행하고 + 아이콘을 클릭합니다.

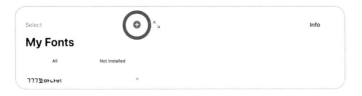

❸ 다운로드한 폰트를 찾아 클릭합니다.

❹ 다음과 같은 창이 나오면 '허용'을 클릭합니다.

이 웹 사이트가 구성 프로파일을 다운로드하려고 합니다. 이 동작을 허용하겠습니까?

무시   허용

❺ 프로파일이 다운로드되었다는 창이 뜹니다.

❻ 아이패드 설정에 들어가면 '프로파일이 다운로드됨'이라는 항목이 생겼습니다. 이 부분을 클릭합니다.

❼ 프로파일 설치 창의 '설치'를 클릭하면 폰트가 아이패드에 설치됩니다.

❽ 클립스튜디오를 재실행하면 새로 설치한 폰트를 사용할 수 있습니다.

● 텍스트 써넣기

❶ 클립스튜디오 도구의 텍스트 아이콘(　A　)을 클릭하고 캔버스에 글자가 들어갈 자리를 클릭하면 텍스트 입력창이 나옵니다.

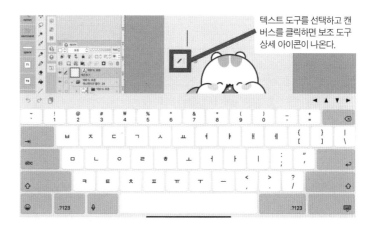

텍스트 도구를 선택하고 캔버스를 클릭하면 보조 도구 상세 아이콘이 나온다.

❷ 텍스트 보조 도구 상세 창에서 글꼴(폰트)과 크기, 줄 맞춤 등
설정을 한 후에 텍스트를 입력합니다.

1) 텍스트 테두리 넣기

이모티콘 텍스트에는 흰색 테두리가 꼭 있어야 합니다. 텍스트
레이어를 선택한 상태에서 레이어 속성(메뉴 - 창 - 레이어 속성)
에 들어갑니다. 경계효과를 누르고 경계효과는 테두리를 선택합
니다. 테두리 수치를 알맞게 조정하고 테두리 색도 설정하세요.
텍스트에 흰색 테두리가 생겼습니다.

2) 손글씨 쓰기

개성 있는 손글씨의 이모티콘

폰트를 넣는 대신 손글씨를 적고 싶다면, 벡터 레이어를 추가하고 펜 도구를 이용해 손글씨를 쓰면 됩니다. 손글씨는 폰트보다 훨씬 자연스럽고 특별한 느낌을 주기 때문에 손글씨에 자신이 있으시다면 추천해 드립니다. 다만, 손글씨 느낌이 전체적으로 통일성 있어야 하고 작은 화면에서 잘 보여야 한다는 점을 명심하세요.

3) 텍스트 자유롭게 변형하기

텍스트 레이어는 기본적으로 '벡터 레이어'의 성격을 지니고 있습니다. 따라서 크기를 키우거나 줄여도 화질에 영향을 받지 않지만, 벡터 레이어라서 텍스트를 자유롭게 변형할 수는 없다는 단점이 있습니다.

텍스트를 원하는 형태로 변형하기 위해서는 텍스트 레이어를 레스터 레이어로 변경해주어야 합니다. 텍스트 레이어를 선택한 상태에서 메뉴 - 레이어 - 레스터화를 클릭합니다. 그리고 메뉴 - 편집 - 변형에서 원하는 변형을 선택하고 변형해줍니다. 단, 이렇게 변경된 텍스트는 더는 벡터 레이어가 아니기 때문에 텍스트 내용

을 변경하거나 크기를 변형해도 화질을 유지할 수 없다는 점을
알아두세요.

텍스트 넣기 간단 요약

1. 아이패드에 폰트를 설치한다 (Right Font 앱 이용)
2. 클립스튜디오에서 텍스트 도구를 이용해서 멘트를 입력한다.
3. 텍스트 도구 속성에서 글꼴(폰트), 글자 크기, 색 등을 수정한다.
4. '레이어 속성'에서 텍스트 레이어 글자에 테두리를 넣는다.
5. 텍스트를 변형하려면 텍스트 레이어를 레스터 레이어로 변경해
야 한다.

이모티콘 내보내기 / 저장하기

이제 여러분의 이모티콘 시안이 모두 완성되었습니다! 이모티콘
을 각각 하나의 그림 파일(360×360 px / png)로 내보내기라는 방
법을 설명하겠습니다.

❶ 애니메이션 폴더 안에 시안들이 각각 하나의 폴더에 들어 있
는지 확인합니다.

❷ 메뉴 - 파일 - 애니메이션 내보내기 - 일련 번호 화상을 클릭합
니다.

❸ 다음과 같이 설정하고 OK를 클릭합니다.

- 파일명 : 내 이모티콘 이미지가 담길 폴더 이름을 적습니다.

- 상세설정_종류 : 이모티콘 제안 형식인 PNG를 선택합니다.

- 크기설정_ 출력화상 : 이모티콘 제안 크기인 360×360을 입력합
니다.

- 장수 설정 : 1부터 24프레임, 프레임 레이트는 10을 설정합니다.

❹ 어느 곳에 저장할지 설정하는 화면이 나옵니다. 아이패드 내에서 어떤 곳에 저장할지 선택 후 저장을 누릅니다.

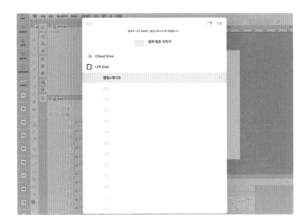

❺ 아이패드 내의 저장한 폴더에 들어가서 저장된 파일을 확인합니다.

멈춘 이모티콘은 32개인데 어떻게 저장하나요?

멈춘 이모티콘은 총 32장의 그림을 그려야 합니다. 그런데 클립스튜디오 pro 버전에서는 한 번에 24장의 프레임까지만 내보내기 할 수 있습니다. 따라서 새로운 애니메이션 폴더에 8개만 따로 만들어 내보내기 해야 합니다. '애니메이션 내보내기' 기능에 대해서는 〈움직이는 이모티콘 만들기〉에서 자세히 다루니 194쪽을 참고하세요.

그림을 하나하나 따로 저장하는 방법

❶ 원하는 그림을 화면에 띄워놓습니다.
❷ 메뉴 - 파일 - 다른 이름으로 저장을 누릅니다.
❸ 원하는 종류(JPG, PNG 등)를 선택하고 OK를 클릭합니다.
❹ 저장할 폴더를 선택하고 저장을 클릭합니다.

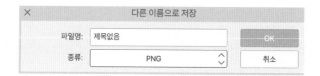

자, 이제 이모티콘 제안에 필요한 그림을 대부분 만들었습니다. 움직이는 이모티콘이라면 3개의 움직이는 이모티콘 파일(gif)을 더 만들 일만 남았습니다. 다음으로 넘어가기 전에 마지막으로 이모티콘을 점검해보고 수정해봅시다.

이모티콘 시안 점검 및 수정하기

이모티콘을 수정하는 방법은 여러 가지입니다. 제 경우에 비추어 몇 가지 점검 및 수정 방향과 방법을 소개하겠습니다.

● 솔직한 주변 사람에게 물어보세요

주변에 이모티콘을 잘 사용하고, 나에게 솔직하게 말해줄 수 있
는 사람이 있다면 이모티콘 시안을 보여주고 의견을 물어보세요.
'이건 무슨 뜻인지 모르겠다'라거나 '이건 잘 안 쓸 거 같은데…'
와 같은 의견을 줄 것입니다. 의견을 무조건 반영할 필요는 없습
니다. 주변 사람이 말해준 내용 중에서 일리 있는 것들을 기준으
로 수정하면 됩니다.

● 실제로 사용해보세요

그림 파일을 핸드폰이나 컴퓨터로 옮겨 실제 대화에서 사용해보
세요. 대화창에 이미지를 첨부하면서 실시간으로 사용하다 보면
대화하는 상대의 반응을 알 수 있고, 부족해 보이는 부분도 더 살
필 수 있습니다. 수정할 부분이 있다면 기쁜 마음으로 수정합시
다. 이모티콘의 완성도를 높일 수 있는 좋은 기회입니다.

● 기획안 중심으로 점검해보세요

앞서 만들어둔 이모티콘 기획안을 다시 꺼내 완성된 이모티콘과
비교해봅시다. 특히 기획했던 '컨셉'이 제대로 살아 있는지 확인
해보세요. 기획 당시에는 확실했던 컨셉이 희미해 보인다면 컨셉
을 더 강화하도록 멘트나 동작을 수정하는 것이 좋습니다.

● 다른 이모티콘과 비교해보세요

이모티콘샵에 있는 비슷한 컨셉, 캐릭터의 이모티콘과 비교해보
세요. 채색까지 끝마쳤지만, 특수효과나 배경 등을 추가할 부분
은 없는지 살펴봅니다. 완성도도 높고, 사용자들에게 인기 있는
이모티콘을 살펴보면 내 이모티콘의 부족한 부분을 더욱 발전시
킬 수 있습니다.

자, 이제 제안용 멈춘 이모티콘 제작은 모두 끝났습니다.

▶ 멈춰있는 이모티콘을 제안하는 분이라면 바로 제안단계(204쪽)로 넘어가면 됩니다.
▶ 움직이는 이모티콘을 제안하시는 분이라면, 다음 장에서 움직이는 이모티콘 파일을 만들어 보겠습니다.

제안용 움직이는
그림 파일(gif) 만들기

이번 장에서는 움직이는 이모티콘을 제안할 때 필요한 '움직이는 이모티콘 파일(gif)' 제작 방법을 간단하게 소개하겠습니다.

어떤 시안을 움직이게 해야 할까

멈춰있는 시안 24개가 완성되었다면 그중에서 3개 이상의 그림을 움직이도록 해주어야 합니다. 하지만 아무 시안이나 움직이도록 만들기보다는, 내 이모티콘의 매력을 보여줄 수 있는 시안을 선택해야 합니다.

가장 중요한 것은 이모티콘의 컨셉을 강력하게 드러내는 시안 3개를 선정하는 것입니다. 멈춰있는 이모티콘 보다 움직이는 이모티콘이 훨씬 표현력이 좋으므로, 내 컨셉을 강력히 어필할 수 있습니다.

예를 들어, 커플 컨셉의 이모티콘이라면 두 캐릭터가 애정을 표현하는 시안을 움직이도록 하는 것이 좋습니다. 일에 지친 회사원이 컨셉이라면 회사 일에 지치거나 화난 감정의 시안을 선택해야 합니다.

만약 대부분의 시안에 컨셉이 강하게 반영되어 무엇을 선택할지 모르겠다면, '멈춘 이미지로는 표현이 힘든 시안'을 움직이도록 하는 것도 좋습니다. 다소 복잡한 동작이나 움직일 때 더 귀엽게 (재미있게) 보일 것 같은 시안을 선택한다면 멈춰있을 때 다 보여줄 수 없었던 매력을 100% 보여줄 수 있을 것입니다.

움직이는 이모티콘을 제안할 때에는 움직이는 시안을 3개 이상 제작하면 됩니다. 24개 모두를 움직이게 만들어 제안해도 되지만, 만약 미승인을 받는다면 들인 노력과 시간이 물거품이 되기 때문에 추천하는 방법은 아닙니다. 차라리 움직이는 시안 3개에 더욱 시간을 들여 완성도를 높이는 것이 승인에 더 도움이 될 것으로 생각합니다. 참고로 저 또한 매번 움직이는 시안 3개만 제작하고, 승인받아 왔습니다.

지금부터 앞 장에서 만든 24개의 시안을 찬찬히 살펴보세요. 움직이는 시안으로 어떤 시안을 만들지 결정했다면 다음으로 넘어가 봅시다.

움직이는 그림 파일 제작 앱

아이패드에서 움직이는 이모티콘을 제작할 수 있는 앱은 크게 세 가지입니다. 세 앱 모두 저마다의 장단점이 있습니다.

● 클립스튜디오

클립스튜디오는 애니메이션에 특화된 프로그램입니다. 다양한 애니메이션 제작 도구를 포함하고 있어 복잡한 움직임도 효율적으로 만들어낼 수 있습니다. 애니메이션 제작 방식은 '애니메이트(플래시)' 제작 방법과 비슷합니다. 이 책에서는 클립스튜디오로 움직이는 이모티콘까지 제작하는 방법을 소개합니다.

● 프로크리에이트

프로크리에이트는 5 버전부터 애니메이션을 만들 수 있는 기능이 추가되었습니다. 앱 특유의 간편성 때문에 애니메이션도 간단히 만들 수 있습니다. 하지만 단순한 만큼 복잡한 애니메이션을 만들기에는 효율성이 많이 떨어지는 편입니다. 애니메이션 제작 방식은 '포토샵'과 비슷합니다.

● 러프애니메이터

러프애니메이터는 이름에서도 알 수 있듯이 간략한 애니메이션을 만들 수 있는 앱입니다. 이모티콘도 제작은 가능하지만 그리기 도구가 아주 적기 때문에 다소 불편합니다. 가격이 5,900원으로 저렴하니 러프 애니메이션을 제작하는 용도로는 추천합니다.

	클립스튜디오	프로크리에이트	러프애니메이터
사용 난이도	보통 ~ 어려움	쉬움	쉬움
그리기 도구	다양함	단순함	아주 단순함
가격	구독 형태	한 번 구매	한 번 구매
추천 별점	★★★★	★★★	★

움직이는 그림 파일 만들기

이제 선택한 시안 세 가지를 움직이는 이모티콘으로 만들 차례입니다.
클립스튜디오의 애니메이션 도구와 기능을 먼저 알아보고, 예제를 통해서 간단한 움직임을 만들어 보겠습니다.

● 애니메이션 관련 기본 툴, 기능 이해하기

우선 애니메이션과 관련 있는 기본 툴과 기능 여섯 가지를 알아봅시다. 이 기능들만 알아도 기본적인 애니메이션을 만드는 데 충분합니다.

1) 타임라인 (메뉴 - 창 - 타임라인으로 활성화)

타임라인은 클립스튜디오에서 애니메이션을 만들기 위한 가장 기본이 되는 창입니다. 낱장의 그림들이 모여 하나의 움직임이 된다면, 타임라인은 그 낱장의 그림을 순서대로 배치하는 장소입니다. 클립스튜디오의 애니메이션은 타임라인의 프레임에 각 장면(셀)을 차례대로 배치하여 하나의 움직임을 만들어냅니다.

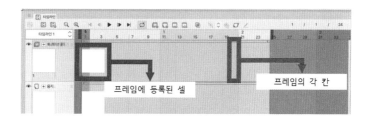

프레임은 낱장의 그림(셀)이 놓여질 칸입니다. 최소 1칸에서 24칸의 프레임에 그림(셀)들을 등록하면, 등록한 순서대로 그림이 보여지며 한 움직임이 됩니다.

셀은 프레임에 놓일 애니메이션의 낱장 그림을 의미합니다. 한
셀은 여러 프레임 칸에 걸쳐서 보여질 수도 있습니다.

제 이모티콘 중 하나의 타임라인 팔레트를 예로 보여드리자면,
핵병아리가 인사하는 6장의 셀(그림)이 타임라인의 프레임 24칸
에 아래와 같이 등록되었습니다.

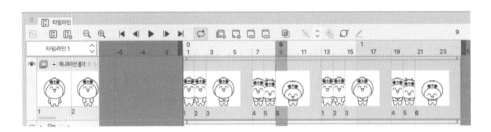

타임라인의 기본 구성은 다음과 같습니다.

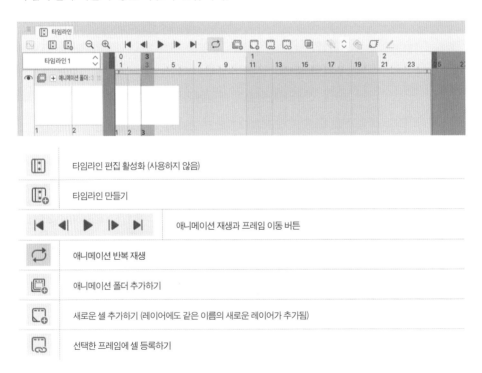

	타임라인 편집 활성화 (사용하지 않음)
	타임라인 만들기
	애니메이션 재생과 프레임 이동 버튼
	애니메이션 반복 재생
	애니메이션 폴더 추가하기
	새로운 셀 추가하기 (레이어에도 같은 이름의 새로운 레이어가 추가됨)
	선택한 프레임에 셀 등록하기

선택한 프레임에 등록된 셀 해제하기

 어니언 스킨 활성/비활성

 키프레임 기능과 관련된 버튼

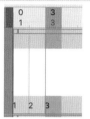

빨간색 막대 : 프레임에 등록된 하나의 셀을 선택했다는 의미입니다.
왼쪽 그림에서는 3번 셀이 세 번째 프레임 칸에 등록되었고,
3번 셀을 선택한 상황입니다.

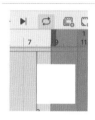

파란색 막대 : 애니메이션 프레임의 범위를 조절하는 막대입니다.
클릭한 상태로 왼쪽, 오른쪽으로 이동하여 프레임 수를 조절할 수 있습니다.

타임라인 속성 보는 방법 (중요!!)

어니언스킨, 셀 일괄 지정 등 다양한 애니메이션 가능은 타임라인
속성 메뉴에서 설정할 수 있습니다. 타임라인 속성은 타임라인 팔
레트의 왼쪽 상단 버튼을 클릭하면 볼 수 있습니다.

타임라인 속성

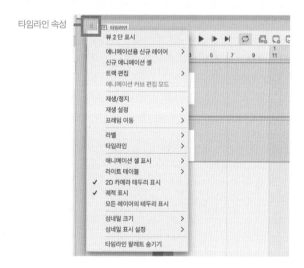

2) 애니메이션 폴더

애니메이션 폴더는 타임라인의 프레임에 등록될 셀을 모아놓은 그릇(폴더)을 말합니다. 이 그릇에 들어 있는 재료인 그림(셀)들이 타임라인의 프레임에 등록하면 하나의 움직임이 탄생합니다.

애니메이션 폴더, 타임라인, 셀, 프레임 한 방에 이해하기!

애니메이션을 만들려면 각 장면이 될 그림(셀)을 애니메이션 폴더에 넣어두고, 그 셀을 타임라인의 프레임에 순서대로 등록해야 한다.

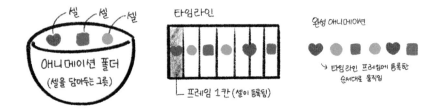

▶ 셀 : 애니메이션의 가장 작은 단위. 애니메이션의 각 장면(그림)

▶ 애니메이션 폴더 : 하나의 애니메이션이 될 셀들을 모아두는 폴더

▶ 타임라인 : 셀을 순서대로 등록해서 애니메이션을 만드는 장소

▶ 프레임 : 애니메이션의 순서를 나타내는 칸. 이 프레임에 셀을 순서대로 등록함.

애니메이션 폴더는 '한 덩어리의 움직임'을 담는 단위이기 때문에 여러 움직임이 합쳐진 이모티콘에서는 애니메이션 폴더가 여러 개 만들어지기도 합니다.

예를 들어 하트가 솟아나는 배경에서 손을 움직이는 캐릭터를 표현하고 싶다면, 애니메이션 폴더는 두 개가 필요합니다. ① 손을 움직이는 캐릭터를 담을 폴더와 ② 하트가 솟아나는 움직임을 담은 폴더가 필요하기 때문이죠.

각 덩어리의 움직임을 각각의 애니메이션 폴더로 제작하는 이유는 수정과 응용이 편리하기 때문입니다. 배경, 특수효과, 캐릭터의 모든 움직임이 한 폴더 안에 들어가면, 움직임을 수정할 때 많은 어려움이 생길 수 있습니다. 따라서 움직임을 제작하기 전에, 애니메이션 폴더를 몇 개로 나눌 것인지 생각하고 작업을 시작해야 합니다.

문제를 풀며 연습해보겠습니다.

[문제 1] 오른쪽 시안은 애니메이션 폴더가 몇 개 필요할까요?

- 물음표를 안고 있는 캐릭터가 위아래로 움직이고, 물음표들이 빙글빙글 돌고 있음.

정답은 5개입니다.

1) 물음표에 매달려 움직이는 캐릭터

2), 3), 4), 5) 움직이는 물음표

('움직이는 물음표' 폴더는 1개만 만든 후에 모두 복사하여 타이밍만 조절한 것입니다)

한 문제만 더 풀어 보겠습니다.

[문제 2] 오른쪽 시안은 애니메이션 폴더가 몇 개 필요할까요?

- 캐릭터가 몸을 꿈틀거리고 나비가 날아다님.

정답은 2개입니다.

1) 나무에 기댄 채 숨을 쉬는 캐릭터

2) 날아다니는 나비

이제 애니메이션 폴더에 대해서 감이 잡히시나요?

애니메이션 폴더는 클립스튜디오의 큰 장점입니다. 하나의 움직임을 만들어두면 다른 이모티콘에서 필요할 때 움직임을 통째로 복사해서 적용할 수 있으므로, 장기적으로 봤을 때 효율성을 극대화할 수 있는 아주 좋은 기능입니다.

3) 어니언 스킨

애니메이션은 낱장의 셀들이 튐 없이 자연스럽게 이어져야 좋은
결과물이 나오기에 항상 앞장과 뒷장의 그림을 신경 써야 합니다.

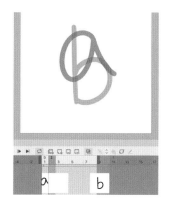

a : 앞 프레임의 그림
b : 뒤 프레임의 그림

어니언 스킨은 앞 프레임과 뒷 프레임에 그려진 그림을 동시에
보여주어, 애니메이션을 그릴 때 동작의 자연스러움을 얻을 수
있는 기능입니다.

어니언 스킨을 켜고 끄는 방법은 타임라인 팔레트에서 버튼을 클
릭하면 됩니다. 기본 설정에서는 파란색이 앞 프레임의 그림, 빨
간색이 뒤 프레임의 그림으로 나타납니다. 어니언스킨의 설정을
변경하고 싶다면 메뉴 - 애니메이션 - 애니메이션 셀 표시 - 어니
언 스킨 설정에서 해주면 되겠습니다.

4) 프레임 레이트(fps)

프레임 레이트는 간단히 말해 애니메이션의 빠르기라고 생각하
면 됩니다.

프레임 레이트	속도	
8 fps	1초에 8프레임을 보여주는 빠르기	
10 fps	1초에 10프레임을 보여주는 빠르기	
12 fps	1초에 12프레임을 보여주는 빠르기	
15 fps	1초에 15프레임을 보여주는 빠르기	fps 숫자가 클수록 속도가 빨라짐
24 fps	1초에 24프레임을 보여주는 빠르기	
30 fps	1초에 30프레임을 보여주는 빠르기	
60 fps	1초에 60프레임을 보여주는 빠르기	

여러분이 만드는 이모티콘이 8개의 프레임으로 만들어져 있다면, 24fps에서는 1초 동안 빠르게 3번 보여질 것이고, 8fps에서는 1초 동안 느린 속도로 1번만 보여질 것입니다.

이모티콘을 만들 때는 10~12 프레임 레이트 정도로 많이 작업합니다. 프레임 레이트는 타임라인 속성 - 타임라인 - 프레임 레이트 변경에서 설정할 수 있습니다. 이 기능은 단축키에 등록해서 사용하면 편리합니다.

5) 셀 일괄 지정

셀 일괄 지정 기능은 타임라인의 프레임에 셀을 하나씩 등록하는 대신에, 등록할 셀들을 일괄 지정해서 한꺼번에 등록하는 기능입니다.

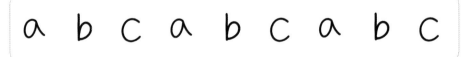

예를 들어 a, b, c가 순서대로 반복되는 애니메이션을 만들겠다고 해봅시다. 이를 위해서는 우선 애니메이션 폴더 안에 레이어(셀)를 3개 만들고, 각 레이어에 a, b, c를 그려야 합니다.

그다음 타임라인의 프레임에 1, 2, 3번 레이어(셀)를 1 - 2 - 3 - 1 - 2 - 3 - 1 - 2 - 3 ⋯ 순서로 끝까지 등록하면 됩니다. 하지만 프레임 칸마다 일일이 셀을 등록하려면 시간이 오래 걸리고 번거롭습니다. 바로 이럴 때 셀 일괄 지정 기능을 사용할 수 있습니다.

타임라인의 1번째 프레임을 클릭하여 선택하고, 타임라인 설정 - 트랙편집 - 셀 일괄 지정에 들어가서 아래와 같이 설정합니다.

타임라인의 프레임에 1, 2, 3번 레이어(셀)가 한 번에 등록된 것을 볼 수 있습니다.

6) 타임라인 순번으로 정규화

이 기능은 애니메이션 폴더 내의 셀(단일 레이어 또는 폴더) 이름을 타임라인에 등록한 순서대로 한 번에 바꿀 수 있는 기능입니다. 애니메이션 폴더 안에 그린 순서와 타임라인에 등록한 순서가 다를 경우 아래와 같이 되는 상황이 생깁니다.

◀ 레이어(셀)의 이름이나 순서가 복잡해서 순서를 쉽게 알 수 없는 경우

▼ 타임라인에 등록된 셀(레이어) 이름이 1, 2, 3 순서가 아니라서 순서대로 셀을 찾기 어려움

이럴 때, 타임라인 속성 - 트랙편집 - 타임라인 순번으로 정규화를 클릭하면, 타임라인에 입력한 순서대로 1, 2, 3 … 번호가 매겨지고, 애니메이션 폴더 안의 레이어(또는 폴더)들도 타임라인에 등록한 순서대로 변경됩니다.

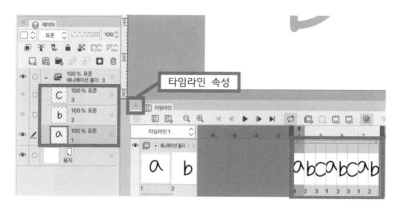

▲ 애니메이션 폴더 안의 레이어 이름이 타임라인에 등록된 순서(1, 2, 3)로 변경됨

● 예제 ① 손 흔드는 사람 만들기

이제, 간단한 예제를 만들면서 위에서 설명한 기본적인 기능을
적용하고 익혀보겠습니다. 순서대로 따라해보며 기능을 다시 한
번 이해해보세요.

❶ 새로운 창을 엽니다. 아래와 같이 설정합니다.

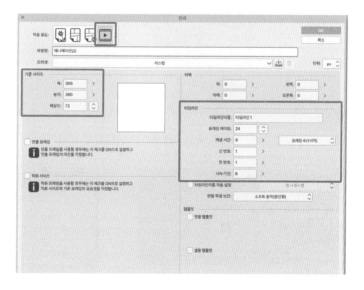

애니메이션 폴더와 1번 레이어가 자동으로 만들어집니다. 타임
라인 팔레트에도 1번 레이어(셀)가 자동으로 등록되어 있습니다.

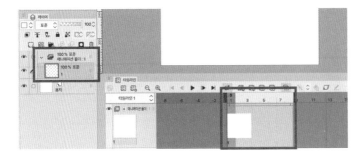

❷ 1번 레이어에 연필 또는 펜 도구로 사람 하나를 그려 넣습니다.

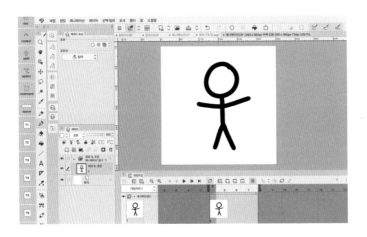

❸ 1번 레이어 위에 레스터 레이어를 하나 추가합니다. 2번 프레임
을 선택하고 셀 등록 버튼을 눌러 2번 레이어(셀)를 등록합니다.

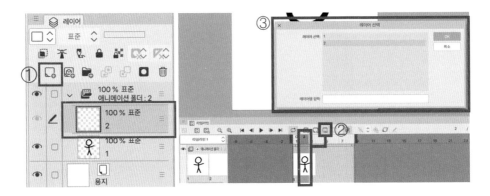

❹ 어니언 스킨 보기를 켭니다. 1번 프
레임에 등록된 그림이 보입니다.

❺ 1번 사람을 따라 그리고,
1번보다 더 높은 자리에 팔
을 그려줍니다.

❻ 레스터 레이어를 하나 더 만들고, 타임라인에서 3번 프레임을
선택합니다. 셀 등록 버튼을 클릭하고 3번 레이어(셀)를 등록합
니다.

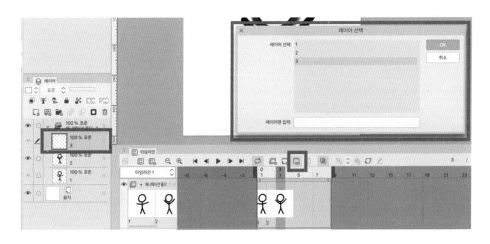

❼ 앞 프레임의 사람을 따라그리고, 팔을 완전히 들었을 때의 모습을 그려줍니다.

이렇게 해서, 팔이 ① 가장 아래일 때, ② 가운데일 때, ③ 가장 높을 때 세 가지 셀이 그려졌습니다. 세 셀 모두 하나의 애니메이션 폴더 안에 들어 있으며, 타임라인의 프레임에도 순서대로 등록되었습니다.

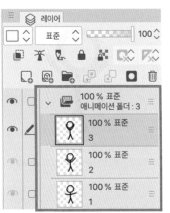

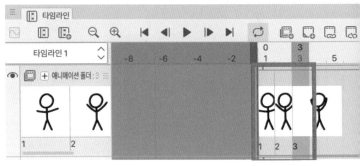

이제 이 동작을 적절하게 반복해서 손이 자연스럽게 흔들리도록 해보겠습니다. 타임라인에서 1 - ② - 3 - ② - 1 - ② - 3 - ② - 1 - ② - 3 - ②⋯ 순서로 반복되도록 셀을 등록해보겠습니다.

❽ 4번 프레임을 선택하고, 2번 셀(레이어)을 등록합니다.

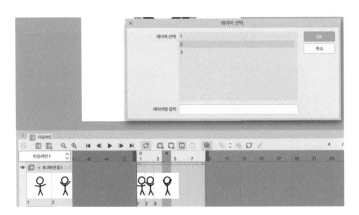

'1 - ② - 3 - ②'만 반복 재생하면 '1 - ② - 3 - ② - 1 - ② - 3 - ② - ⋯' 순서가 되기 때문에 24번 프레임까지 등록할 필요는 없습니다.

❾ 프레임 끝의 파란 막대를 누른 채로 4번 프레임까지 드래그하여 닫아줍니다. 이렇게 하면 4번 프레임까지만 보이게 됩니다. 반복(루프) 버튼이 선택되었는지 확인합니다.

❿ 재생 버튼을 눌러봅니다. 팔이 너무 빠르게 움직이죠? 이제 빠르기(프레임 레이트)를 조절해보겠습니다. 타임라인 속성 - 타임라인 - 프레임 레이트 변경에 들어가서 10 정도로 조정하고 다시 재생해봅니다.

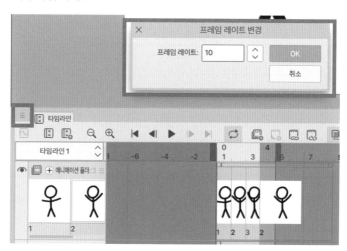

속도가 더 느려진 상태에서 팔을 위아래로 움직이는 동작이 완성되었습니다.

이제 손을 든 상태에서 좀 더 유지하다가 팔을 내리도록, 3번 셀이 보이는 시간을 늘려보겠습니다. 파란색 막대를 6번 프레임까지 열어줍니다.

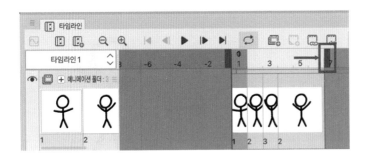

마지막 프레임인 2번 프레임을 선택하고 6번 자리로 이동시킵니다. 이렇게 하면 3번 프레임이 총 3프레임을 차지하게 됩니다.

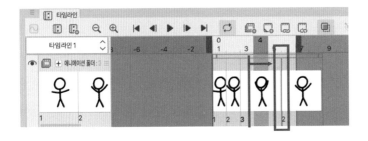

재생해봅니다. 손을 들었다가 시간이 조금 지난 뒤에 손을 내리는 것을 볼 수 있습니다. 이처럼 타임라인에 셀이 차지하는 프레임 수가 많을수록 보이는 시간이 길어집니다.

예제를 만들어보니 어느 정도 이해가 되었나요?

● 예제 ② 반짝이는 효과 만들기

이번에는 예제 ① 캐릭터 위에 반짝이는 효과를 넣어보겠습니다.

❶ 애니메이션 폴더를 하나 추가하고 이름을 '반짝임'으로 변경합니다.

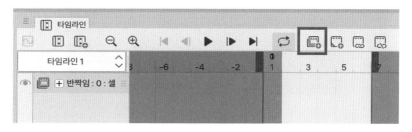

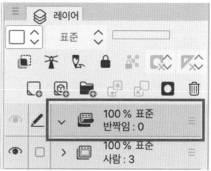

❷ 애니메이션 폴더에 폴더 하나를 추가하고 그 폴더 안에 벡터 레이어를 하나 추가하세요.

❸ 타임라인 1번 프레임에 1번 폴더를 등록하세요.

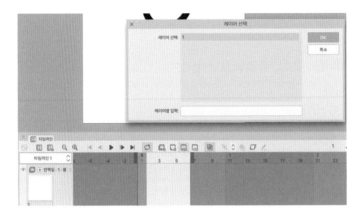

❹ 1번 폴더의 벡터 레이어에 반짝임을 그려 넣습니다.

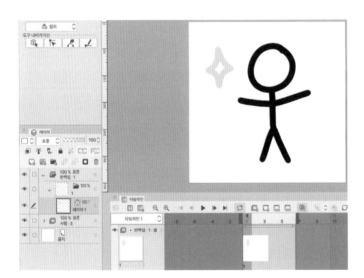

❺ 1번 폴더에 레스터 레이어를 추가하고 벡터 레이어 아래로 옮깁니다.

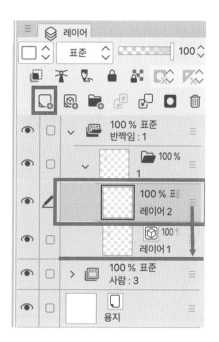

❻ 채우기 도구( ) 로 반짝임에 노란색을 채워주세요.

❼ 1번 프레임이 완성되었습니다.

❽ 애니메이션 폴더 안에 폴더를 하나 더
추가하세요. 2번 폴더가 생깁니다.

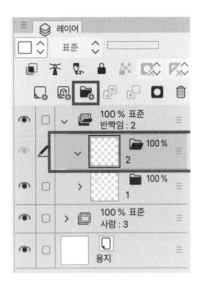

❾ 타임라인 프레임 2번 칸을 선택하고 셀 등록 버튼을 눌러 2번
폴더를 등록하세요.

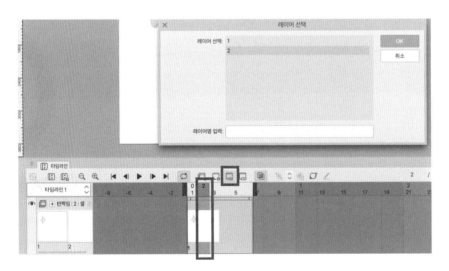

❿ 2번 폴더 안에 벡터 레이어를 추가해서 반짝임을 더 크게 그려 줍니다. 레스터 레이어도 추가해서 노란색으로 채색합니다.

앞과 같은 방법으로 3번 프레임은 더 큰 반짝임을 만들어주세요.

이제 셀 일괄 지정 기능으로 반짝임 효과를 프레임 끝까지 넣어 보겠습니다. 1번 프레임을 클릭하고 타임라인 설정 - 트랙편집 - 셀 일괄 지정을 클릭합니다. 아래와 같이 설정합니다.

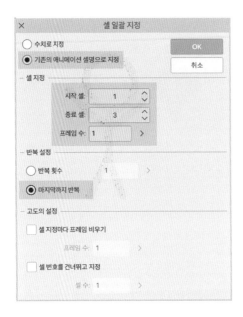

타임라인에 1 - 2 - 3 - 1 - 2 - 3 순서로 셀이 등록되었습니다. 재생 버튼을 누르면 캐릭터가 팔을 들었다가 놓고, 반짝이는 효과가 움직일 것입니다.

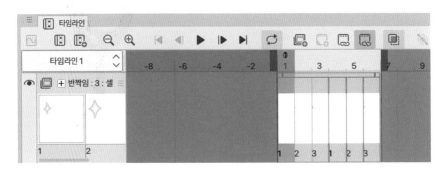

이번에는 반짝임의 속도를 더 느리게 만들어 보겠습니다.

첫 1 - 2 - 3번 프레임만 남기고 나머지 셀을 드래그합니다.

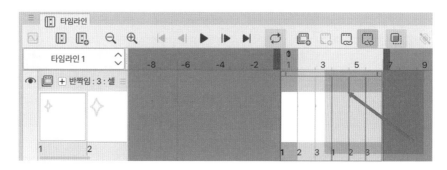

셀 등록 해제 버튼을 눌러 선택된 셀 3개를 등록 해제합니다.

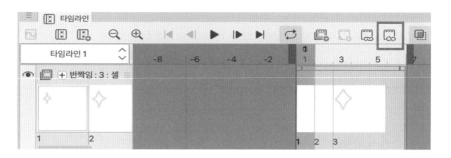

3번 프레임을 누른 상태에서 5번 프레임까지 끌어 이동합니다.

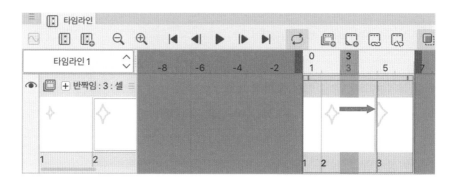

2번 프레임을 누른 상태에서 3번 프레임까지 끌어 이동합니다.

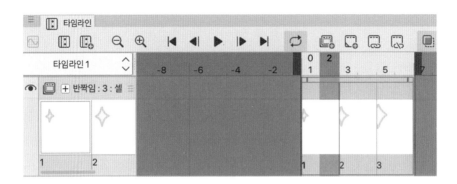

1번 프레임(2칸) - 2번 프레임(2칸) - 3번 프레임(2칸)이 반복되도록 설정되었습니다. 다시 재생 버튼을 눌러 봅시다. 이전보다 반짝임의 속도가 느려졌죠?

이렇게 한 셀을 프레임의 몇 칸에 걸쳐 보여주느냐에 따라서 보이는 속도가 달라집니다. 조금 더 길게 보여주고 싶은 그림(셀)은 프레임 칸수를 더 늘려서 조절하세요.

이렇게 해서 클립스튜디오에서 움직이는 이모티콘을 만들 때 필요한 기본적인 기능을 익혀보았습니다. 내용이 다소 복잡하고 처음 사용하는 기능이기 때문에 어려우실지도 모르겠습니다. 3부 〈따라해보자!〉에서 자세히 적용해볼 수 있으니, 이해가 어려우시다면 3부에서 한 번 더 연습해봅시다.

● **움직이는 그림 파일 만들기 과정 요약**

저는 보통 4단계의 순서로 움직이는 이모티콘을 제작합니다. 정답은 아니지만 대략적인 순서를 보며 전체적인 작업 과정을 생각해보면 좋겠습니다.

(1) 러프 애니메이션 만들기 ➡️ (2) 외곽선 그리기 (선 따기)

➡️ (3) 채색하기 ➡️ (4) 저장하고 내보내기

(1) 러프 애니메이션 만들기

멈춰있는 이모티콘도 '스케치' 단계를 거쳤듯이 움직이는 이모티콘도 '러프 애니메이션'을 만드는 것이 좋습니다. 러프 애니메이션이란 스케치처럼 대략적인 움직임을 만들어보는 것을 의미합니다. 애니메이션 폴더에 레이어를 추가하고 연필 툴을 이용해 한 장면씩 그려나가 보세요. 완성에서 쓰지 않을 스케치이기 때문에 과감하게 그리고, 재생해보고 다시 수정하면 됩니다.

(2) 외곽선 그리기 (선 따기)

러프 애니메이션이 완성되었다면 이제 깔끔하게 선을 그릴 단계입니다. 한 장면 (셀)씩 채색하며 완성할 때 수정할 사항이 생기면 채색도 수정해야 합니다. 그러므로 선 그리기 작업부터 마치고, 움직임을 다시 점검한 후에 채색하는 것이 좋습니다.

타임라인에서 어니언스킨을 켜고 작업하면 수월하게 움직임을 만들어나갈 수 있습니다. 선이 다 그려지면 재생 버튼을 눌러 움직임을 점검해보세요. 만족스러운 결과가 나왔다면 채색을 할 차례입니다. 선 애니메이션이 완성되면 러프 애니메이션 폴더의 눈을 꺼주세요.

주의할 점

선 레이어(벡터 레이어)는 애니메이션 폴더 안에 바로 추가하는 것이 아니라, 각 장면의 폴더를 만든 후 각 폴더 안에 만들어야 채색할 때 편리합니다.

(3) 채색하기

벡터 레이어 아래에 채색 레이어(래스터 레이어)를 추가하고 채색합니다. 2부 채색하기(134쪽 참조)에서 소개한 방법과 같은 방법으로 채색하면 되겠습니다.

(4) 애니메이션 저장하고 내보내기

다 만든 애니메이션에 더는 수정할 내용이 없다면 gif 파일로 저장할 차례입니다. 움직이는 이모티콘(gif) 파일은 배경을 흰색(#FFFFFF)으로 저장하는 것이 이모티콘 제안 원칙입니다.

❶ 용지 레이어의 눈이 꺼져 있다면 다시 켭니다. (움직이는 이모티콘 gif 파일 제안 원칙)

❷ 메뉴 - 파일 - 애니메이션 내보내기 - 애니메이션 gif를 클릭합니다.

❸ 작업한 애니메이션에 맞게 설정한 후, OK를 클릭합니다.

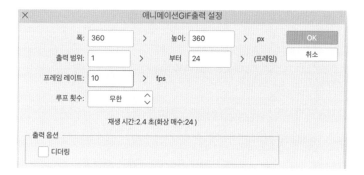

(출력 범위는 자동 설정되나, 프레임 레이트는 다를 수 있습니다. 내 애니메이션의 프레임 레이트를 확인하고 수정해주세요)

❹ 저장한 폴더에 가서 결과물을 확인합니다. 움직이는 이모티콘 제작이 완료되었습니다!

● 애니메이션의 타이밍 상세 조절하기 (선택 사항)

클립스튜디오는 프레임별 시간을 조절할 수 없습니다. 그러므로 애니메이션의 표현에 어느 정도 한계가 있는 편입니다. 만약 PC가 있다면 더욱 섬세한 애니메이션 타이밍 조절이 가능합니다.

이 책에서는 포토샵 또는 포토스케이프 프로그램을 이용해서 애니메이션을 만드는 방법을 알려드리겠습니다.

1) 각 프레임별 이미지 내보내기

우선, PC로 내가 만든 애니메이션의 각 프레임 이미지를 내보내는 작업을 해야 합니다. 158쪽에서 멈춰있는 시안을 한 번에 저장했던 '내보내기 - 일련 번호 화상' 기능을 기억하시나요? 이번에도 같은 방법으로 애니메이션 각 프레임을 내보내기/저장해보겠습니다.

❶ 파일 - 애니메이션 내보내기 - 일련 번호 화상을 눌러 아래와 같이 설정합니다.

주의

프레임 레이트를 내 애니메이션의 프레임 레이트와 같게 입력하지
않으면 제대로 내보내기가 되지 않습니다.
애니메이션 내보내기를 하기 전에 프레임 레이트를 얼마에 설정해
놓고 작업해 놓았는지 꼭 확인 후 반영하세요.
(타임라인 설정 - 타임라인 - 프레임 레이트 변경하기)

❷ 저장한 폴더에 가보면 내보내기 한 이미지가 폴더 안에 모여
있습니다. 중복된 이미지가 있더라도 놀라지 마세요. 일련 번호
화상 내보내기는 각 프레임에 등록된 이미지를 내보내는 것이기
때문에 여러 프레임에 걸쳐 등록된 셀 이미지는 중복해서 내보내
지는 것이 정상입니다.

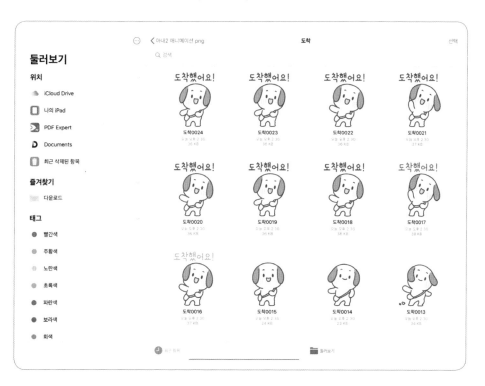

❸ 저장된 이미지를 전체 선택하여 PC로 옮겨주세요. 인터넷이
연결된 환경에서 아래 방법 중 하나로 옮겨보세요.

※ 윈도우 사용자

1. 아이패드에 sendanywhere 앱을 설치합니
다.
2. 이미지를 전체 선택한 상태에서 '공유' 아이
콘을 누르고 sendanywhere 아이콘을 선택합
니다.

3. PC에서 sendanywhere 사이트에 들어가서 받기를 클릭합니다.
4. 아이패드에 나와 있는 숫자 코드를 PC 사이트 받기 칸에 입력
하고 저장 버튼을 누릅니다. (https://send-anywhere.com/ko/)

5. PC에 이미지가 다운로드되었습니다.

※ 맥 사용자

1. 옮길 이미지를 전체 선택한 상태에서 '공유' 아이콘을 누릅니다.

2. AirDrop 기능을 이용해서 내 PC로 옮깁니다.

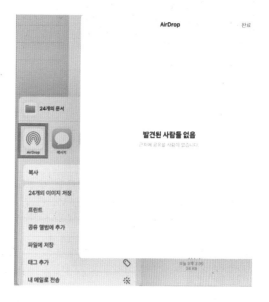

2) 이미지를 합쳐 gif 파일 만들기

이제 PC로 옮긴 낱장의 이미지들을 두 프로그램 중에 가능한 프로그램을 이용해서 gif 이미지로 만들어봅시다.

〈포토스케이프로 gif 이미지 만들기〉

 포토스케이프는 무료로 gif 이미지를 만들 수 있는 프로그램입니다. 포토샵이 없는 분은 이 프로그램을 이용하면 되겠습니다.

포토스케이프 홈페이지(x. photoscape. org)에서 컴퓨터 환경에 맞는 포토스케이프를 다운로드하고 설치하세요.

❶ 포토스케이프를 실행합니다.
❷ 'GIF 애니메이션' 탭을 클릭합니다.

❸ PC로 옮겨놓은 이미지를 모두 불러옵니다. (포토스케이프에서 제안용 GIF이미지를 만들려면, 클립스튜디오에서 배경이 흰색인 이미지로 셀을 내보내기 해야 합니다)

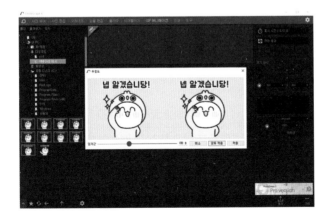

❹ 각 이미지 별로 보이는 시간를 조절합니다. (보통 이모티콘에서는 프레임 당 0.07 ~ 0.12의 속도로 작업합니다) 오래 보여주고 싶은 프레임은 시간을 길게, 짧게 보여주고 싶은 프레임은 짧게 지정합니다. 이미지를 전체 선택해서 시간을 한 번에 조절할 수도 있습니다.

❺ 재생 버튼을 눌러 움직이는 화면을 보고 타이밍을 수정합니다.
❻ 우측 하단 '저장' 아이콘을 클릭합니다. 반복 '계속'을 선택하고 '저장'을 클릭합니다. 저장할 폴더를 선택하고 저장합니다.

❼ 저장된 GIF 이미지를 확인합니다.

〈포토샵에서 GIF 이미지 만들기〉

포토샵을 사용하시는 분이라면, 아래 방법으로 GIF 애니메이션을 만드시면 됩니다. 포토샵의 타임라인은 클립스튜디오의 타임라인과 달리, 각 프레임의 길이(시간)를 조정할 수 있으므로 더욱 생동감 있는 애니메이션을 만들 수 있습니다.

❶ 포토샵을 실행합니다.

❷ 아래 설정과 같이 새 파일을 만듭니다.

❸ PC로 옮겨놓은 이미지를 전체 선택하고 포토샵으로 끌어다 놓습니다. 아래와 같이 사각 틀이 씌어진 이미지가 나오면 이미 지가 다 불러올 때까지 연속적으로 ENTER 키를 누릅니다.

❹ 상단 메뉴 - 창 - 타임라인(Window - Timeline)을 눌러 타임
라인 팔레트를 활성화합니다. 화면 하단에 타임라인 창이 활성화
되었습니다.

❺ 타임라인 창 한가운데 ∨ 아이콘을 눌러 프레임 애니메이션
(Create Frame Animation)을 선택하고, 프레임 애니메이션 만
들기를 클릭합니다.

❻ 타임라인 창의 오른쪽 끝 아이콘을 눌러 '레이어를 프레임으
로(Make Frames From Layers)'를 클릭합니다.

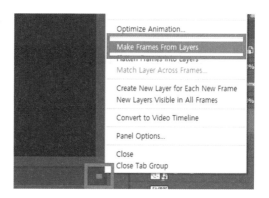

❼ 타임라인에 각 장면을 불러온 후, 각 장면의 시간을 조절합니다. 보통 0.07~0.12 정도가 적당합니다. 시간 설정이 끝나면 재생 버튼을 눌러 확인해봅니다.

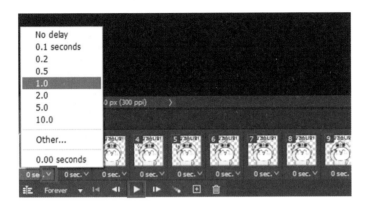

❽ 메뉴 - 파일 - 내보내기 - 웹용으로 저장(File - Export - Save for Web)을 누르고, 파일형식을 gif로, 배경을 불투명하게 (Transparency 해제) 설정하고 저장합니다.

● 움직이는 GIF 파일 점검하기

완성한 GIF 파일을 마지막으로 점검해보세요.

점검 사항	확인
1. 배경이 흰색으로 저장되었나요?	
2. 반복이 무한으로 설정되었나요? (멈추어서는 안 됩니다)	
3. 속도가 너무 빠르거나 느리지는 않나요?	
4. 내가 표현하고자 하는 감정 / 메시지가 잘 표현되었나요?	
5. 완성도가 낮은 애니메이션은 아닌가요? (캐릭터의 일부분만 어색하게 움직인다, 동작이 너무 단순하다 등)	

축하드립니다! 이모티콘을 제안하기 위한 파일이 모두 만들어졌습니다. 이제 이모티콘을 제안하러 가보겠습니다.

애니메이션 동작 만들기 팁 : 애니메이션의 12가지 기본 원칙

움직이는 이모티콘은 단순히 캐릭터의 팔다리가 움직이는 것을 의미하지 않습니다. 캐릭터의 움직임으로 특정 감정과 메시지를 잘 전달하기 위해서는 움직임에도 기본적인 기술과 원칙이 필요합니다.

애니메이션의 12가지 기본 원칙은 월트디즈니의 애니메이터인 '프랭크 토머스'와 '올 리 존스턴'에 의해 전수된 내용입니다. 애니메이션에 생명을 불어넣는 비결을 알 수 있는 꿀팁입니다.

글로만 읽어서는 제대로 이해하기 어렵습니다. 유튜브에서 '애니메이션 12가지 법칙'이라고 검색하면 다양한 영상자료를 찾을 수 있습니다. 영상으로 꼭 한 번 살펴보고 이모티콘의 움직임에 적용해보세요.

이모티콘
제안하기

제안을 앞두신 독자님이 자랑스럽습니다. 멈추는 이모티콘을 제안하시는 분이라면 비교적 빠르게 제안 단계에 도달하셨을 테고, 움직이는 이모티콘을 제안하시는 분은 GIF 이미지를 만드느라 시간이 많이 흘렀을지도 모르겠습니다. 카카오톡 이모티콘은 '카카오 이모티콘 스튜디오'에서 제안하면 되겠습니다. 아이패드와 PC 환경 어디에서도 제안할 수 있습니다.

카카오 이모티콘 스튜디오에 제안하기

〈아이패드로 정보 입력하기〉

❶ 카카오 이모티콘 스튜디오(emoticonstudio.kakao.com)에 들어갑니다.

❷ 제안 시작하기 버튼을 클릭합니다. (가입과 로그인이 필요합니다)

❸ 제작한 이모티콘 유형의 제안하기 버튼을 클릭합니다.

❹ 이모티콘 정보를 입력합니다.

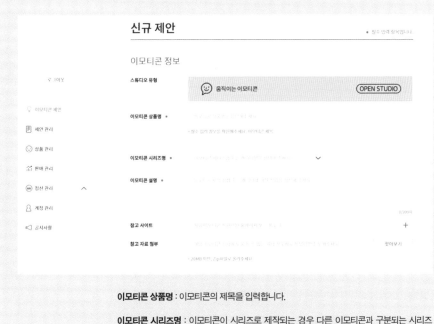

이모티콘 상품명 : 이모티콘의 제목을 입력합니다.

이모티콘 시리즈명 : 이모티콘이 시리즈로 제작되는 경우 다른 이모티콘과 구분되는 시리즈 이름입니다. 이 시리즈 명은 출시 후 노출되지 않는 이름입니다. 첫 제안이라면 이모티콘 캐릭터 이름을 입력하면 됩니다.

이모티콘 설명 : 내 이모티콘에 대한 컨셉 또는 캐릭터 설명을 적습니다. 2장에서 기획안을 작성할 때 적어두었던 컨셉과 캐릭터 설명, 기획 의도 등을 적습니다.

참고 사이트 : 이모티콘과 관련 있는 사이트를 넣습니다. 유명 SNS나 유튜브의 캐릭터라면 인지도를 알릴 수 있도록 사이트를 꼭 넣는 것이 좋습니다. 하지만 심사에 영향을 주지 않을 '개인 SNS' 주소는 굳이 넣을 필요는 없다고 생각합니다.

참고 자료 첨부 : 이모티콘과 관련된 자료를 첨부합니다. 캐릭터 설정 파일 등 심사에 도움이 될 만한 자료를 첨부하면 되지만, 심사에 가장 영향을 주는 것은 이모티콘 시안 24개(32개)라는 것을 잊지 마세요.

❺ 아이패드에 저장된 이미지를 1번부터 차례대로 올려줍니다. 편하게 올리기 위해서는 아이패드 화면을 두 부분으로 분할해서 이미지를 끌어 놓으면 됩니다.

이미지를 올릴 때는 각 시안을 어떤 순서로 배치할지에 대해 고민해보시는 것이 좋습니다. 심사 과정에서 내 제안서가 어떤 방

식(형태)으로 보이는지는 알 수 없지만, 제안 페이지에서 보기 좋
게 배치하는 것이 아무래도 심사에서도 좋은 인상을 줄 수 있겠
습니다. 구체적인 방법은 없지만 한눈에 보았을 때 이미지가 다
양하고 풍부해 보이도록 배치하는 것이 좋습니다. 단조롭고 비슷
한 동작의 이모티콘들이 연달아 배치되면 각각의 이미지는 잘 만
들었어도 전체적으로 단조롭다는 느낌을 줄 수 있습니다.

이미지가 겹치지 않게 잘 업로드되었는지 한 번, 아니 두 번 더 확
인하고 제안하기 버튼을 누르세요.

드디어 이모티콘 제안이 완료되었습니다. 수고 많으셨습니다.

승인 / 미승인에 대처하기

이모티콘 스튜디오의 설명을 보면 보통 2~4주간의 심사 과정을
거쳐 심사 결과가 메일로 통보됩니다. 그걸 알면서도 메일함을

매일 들락거리게 되는 것이 제안자의 간절함인 것 같습니다. 제안하고 나면, 적어도 2주간의 시간이 생기므로 그 기간 동안 또다른 제안 파일을 만드는 것이 가장 좋은 루틴입니다.

제 경험상 최소 10일에서 14일 정도면 심사 결과가 나옵니다. 심사가 끝나면 아래 두 메일 중 하나를 받으시게 됩니다.

● 미승인 메일을 받았다면…

몇 주 동안 이모티콘을 열심히 만들었던 시간이 아무 소용이 없어진 것 같고 속상하실 텐데요. 저도 지금까지 수십 번의 미승인을 쌓아왔기 때문에 그 허탈감을 잘 알고 있습니다. 미승인 이유는 알 수 없지만, 내 작품만의 문제라고는 할 수 없을 것입니다. 내 이모티콘의 완성도뿐만 아니라 시의성, 비슷한 이모티콘이 존재함 등 외부적인 이유도 있을 테니까요.

미승인 이후에는 기존의 제안을 수정해서 재도전하거나, 새로운 이모티콘을 제안하는 두 가지 길이 생깁니다.

1) 첫 번째 길, 수정해서 재도전하기

특히 애착을 가진 캐릭터로 만든 이모티콘이라면 그 캐릭터로 이모티콘을 꼭 출시해보고 싶으실 것입니다. 그럴 때는 다시 도전해보는 것이 좋습니다. 대신 미승인 이유를 철저히 분석하고 수정해야 합니다. 내가 생각하는 이유가 미승인 사유는 아닐 수 있지만, 기준을 잡고 (뜯어)고치지 않으면 지난 제안과 크게 다르지 않은 결과물이 나올 가능성이 큽니다.

이모티콘은 제안 후 기다리는 시간이 2주나 되기 때문에 재도전만 몇 번 해도 몇 달이 후닥닥 흘러갑니다. 당장 급하게 수정하려고 하기보다는 다른 제안을 한두 개 정도 해보시고, 내 이모티콘을 객관적으로 볼 수 있을 정도가 되면 다시 들여다보세요. 새롭게 수정할 부분이 보일 것입니다.

1부 〈이론〉 편을 다시 읽어보고 내 이모티콘에서 부족했던 점은 무엇인가 살펴보세요. 누구보다도 잘 만든 이모티콘도 미승인을 받는 경우가 많습니다. 자책보다는 발전적인 고민을 하시는 것이 좋겠습니다.

2) 두 번째 길, 새로운 이모티콘 제안하기

저는 보통 이모티콘을 제안하고 나면, 2주의 심사 기간 동안 새로운 이모티콘 제안 준비를 합니다. 곧바로 새 작업을 할 수 있는 이유는 평소에 메모장과 머릿속에 새로운 이모티콘을 꾸준히 구상하기 때문입니다. 여러분도 제안 작업을 하는 도중에 좋은 아이디어들이 떠오를 텐데요. 그때마다 구상을 차곡차곡 쌓아두셨다가 미승인을 받으면 새 작업에 돌입하세요! 미승인으로 인한 슬픔이 새 이모티콘으로 잊혀질 것입니다.

● 승인 메일을 받았다면!

우선 신나서 소리를 지르거나 춤을 추거나…. 실컷 즐기신 후에 본격적으로 이모티콘 제작 작업이 시작됩니다. 카카오 측과 온라인을 통해 기본적인 계약을 한 후에, 여러 번 검수를 받으면서 내 이모티콘의 완성도를 높이는 과정을 거칩니다.

최종(완성) 파일이 승인되면 적게는 한 달에서 길게는 석 달까지 긴 기다림 후에 이모티콘샵에서 내 이모티콘을 만날 수 있습니다. 자세한 과정은 규정상 말씀드릴 수 없지만, 승인 이후 최종 작업에서는 PC를 이용해 파일을 만들어야 하는 과정이 꼭 필요합니다. 아이패드로 작업 대부분을 하셨다면, PC에서는 간단한 마무리 작업만 하면 됩니다. 이후의 과정은 카카오 측에서 상세하게 안내해줄 테니 걱정하지 마세요.

PART 3

따라
해보자!

3부는 〈이론〉과 〈실전〉 편을 읽고서도 해결되지 않는 세부적인 부분을 해결하기 위해 준비했습니다. 가장 좋은 방법은 직접 해보는 것이지만, 시작하기가 막막하다면 하나부터 열까지 그대로 따라해보는 것도 좋습니다. 단, 급한 마음에 3부부터 시작하는 것은 추천하지 않습니다. 중간중간 기본적인 도구와 용어를 이해하기 어려울 것입니다.

준비물은 아이패드, 클립스튜디오, 핸드폰입니다.
저와 함께 만들어볼 이모티콘은 제가 출시한 '사랑하자! 하자토끼!'의 화난 하자토끼 이모티콘입니다. 우선 카카오 이모티콘샵에서 아래 이모티콘의 동작을 확인하고 오세요.

이 이모티콘은 총 몇 개의 애니메이션 폴더가 필요할까요? 정답은 4개입니다. ① 하자토끼 캐릭터, ② 화난 특수효과 1, ③ 화난 특수효과 2, ④ 불꽃 배경이 각각 다른 움직임 덩어리이기 때문이죠.

러프 애니메이션 만들기

우선 움직이는 이모티콘 만들기의 첫 단계인 러프 애니메이션을 만드는 방법부터 따라해봅시다.

하자토끼 러프 애니메이션 만들기

가장 먼저, 화난 하자토끼 캐릭터의 애니메이션부터 만들겠습니다.

❶ 새 창을 켭니다. 설정은 아래와 같이 해주세요.

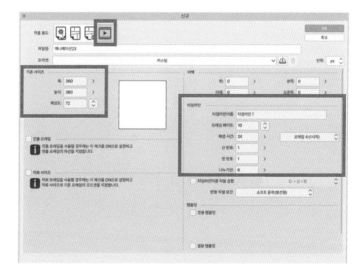

❷ 우선 움직임을 상상합니다. 화난 하자토끼가 팔을 허리에 올리는 동작이 좋겠습니다.

❸ 애니메이션 폴더의 이름 부분을 더블 클릭하고 '하자토끼 러프'라고 바꿔주세요. 1번 레이어에 하자토끼가 양팔을 벌린 모습을 그려주세요. 저는 연필 도구(✎)로 그려보았습니다. 스케치는 나중에 외곽선을 그릴 때 검은색과 혼동을 없애기 위해 빨간색으로 그렸습니다.

❹ 타임라인 팔레트의 새 셀 만들기 버튼을 눌러 2번 프레임을 추가하세요. 애니메이션 폴더 안에도 2번 레이어가 자동으로 생성됩니다. 2번 레이어에는 마지막 동작인 허리에 팔을 올린 캐릭터를 그려보겠습니다.

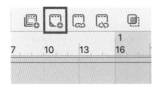 

❺ 타임라인의 어니언스킨 기능()을 켜고 얼굴 부분은 똑같이 따라 그린 후 이동 도구( )를 이용해 약간 아래쪽으로 이동시킵니다. 허리에 팔을 올리면 고개가 약간 아래로 내려오기 때문입니다. 다음은 허리에 올린 팔도 그려줍니다.

애니메이션 동작의 처음과 끝이 완성되었습니다. 이번에는 두 동작 가운데 새로운 동작을 추가해서 움직임이 더 자연스럽게 보이도록 해보겠습니다.

❻ 1번 레이어 위에 레스터 레이어 추가 버튼을 클릭합니다. 1a 레이어가 추가되었습니다. 이 레이어는 타임라인에 등록하지 않아서 아직 활성화되지 않았습니다.

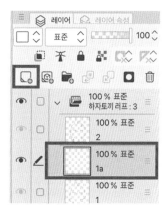

❼ 타임라인에서 2번 셀을 오른쪽으로 한 칸 옮깁니다.

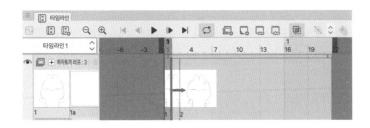

❽ 2번 프레임에 셀 등록을 눌러 1a레이어를 등록합니다.

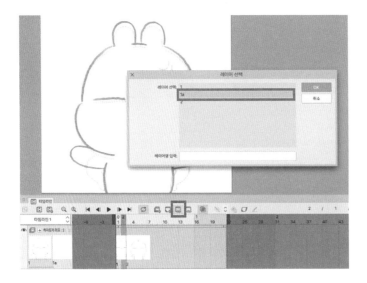

❾ 앞뒤 프레임의 그림을 참고하여, 1a레이어에 새로운 하자토끼를 그려줍니다. 팔을 구부리는 동작이 더 극적으로 보이게 하기 위해 팔을 더 높이 들어올리는 동작을 그려보겠습니다.

❿ 1a레이어 위에 레스터 레이어를 추가합니다. 1b레이어가 생겨납니다. 타임라인의 2번 프레임을 뒤로 한 칸 밀고, 빈 공간에 1b 셀을 등록합니다.

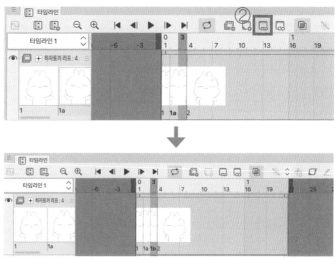

⓫ 1b레이어에 하자토끼를 그려줍니다. 팔을 뻗은 동작과 허리에 올린 동작 사이의 동작이므로, 팔을 적당하게 구부러진 모양으로 그려줍니다.

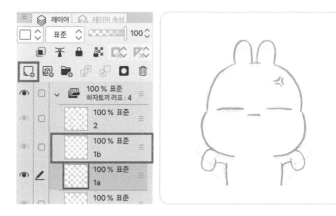

⓬ 마지막으로 셀을 하나 더 그려
주겠습니다. 5번째 프레임을 클릭
하고, 신규 셀을 추가합니다. 레이
어 3이 만들어졌습니다.

⓭ 레이어 3에 앞 프레임과 거의 같은 모양의 하자토끼를 한 번
더 그려주세요. 하자토끼가 허리에 손을 올리고 멈춰있을 때 움
직임이 완전히 정지된 것처럼 느껴지지 않도록 하기 위함입니다.

⓮ 이렇게 해서 총 5개의 셀(레이어)이 만들어졌습니다. 타임라
인의 프레임에도 이 순서와 같게 셀이 등록되었습니다.

| 1 | 1a | 1b | 2 | 3 |

⓯ 6번 프레임부터 프레임 끝까지는 2, 3번 셀(레이어)이 반복되도록 만들겠습니다. 6번 프레임을 클릭하고, 타임라인 설정 - 트랙편집 - 셀 일괄 지정에 들어갑니다. 6번 프레임부터 2 - 3 - 2 - 3 - 2 - 3 - ⋯ 순서로 반복되도록 설정한 후 OK를 클릭합니다.

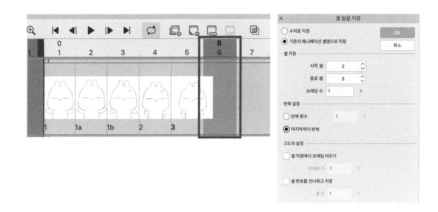

⓰ 프레임 끝까지 셀이 채워졌습니다. 재생 버튼을 눌러보세요. 팔을 허리에 올린 하자토끼 몸이 조금 들썩이는 것처럼 표현되었습니다. 프레임들을 더 추가할 수 있지만, 간단한 이해를 위해서 캐릭터 동작은 총 5개의 레이어(1, 1a, 1b, 2, 3)만으로 표현하겠습니다.

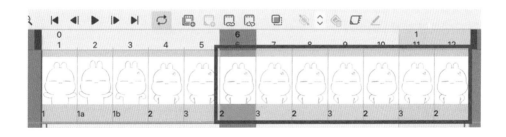

❶ 타임라인 설정 - 트랙 편집 - 타임라인 순번으로 정규화를 눌러 타임라인에 등록된 순서대로 셀(레이어)의 이름을 정리해봅시다.

타임라인에 등록된 순서대로 레이어의 이름이 정리된 모습

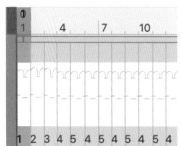

타임라인에도 변경된 셀이름으로 나타남

❽ 타임라인 설정 - 타임라인 - 프레임 레이트 변경(173쪽 참조)을 눌러 프레임 레이트를 10으로 조절합니다. 재생버튼을 눌러 봅니다. 하자토끼가 손을 들었다가 허리에 대고 몸을 움찔거리는 움직임이 완성되었습니다.

❾ 마지막에서 하자토끼가 몸을 들썩이는 시간이 너무 길게 보여집니다. 보이는 프레임 칸 수를 줄여서 애니메이션 시간을 줄여보겠습니다. 타임라인의 끝에 있는 파란색 막대를 끌고 12번 프

레임까지 이동시킵니다. 이제 프레임이 12번째까지만 재생될 것입니다. 다시 재생해보면, 이전보다 들썩이는 동작의 길이가 더 짧아졌습니다.

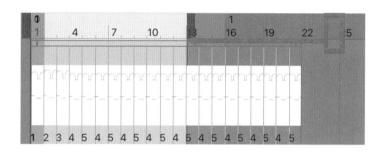

이렇게 화난 동작의 캐릭터 러프 애니메이션이 완성되었습니다.

화남 효과 러프 애니메이션 만들기

이번에는 하자토끼 머리 위로 있는 화남 효과를 만들어보겠습니다. 이 효과는 만화나 애니메이션에서 많이 쓰이는 효과로 캐릭터가 화나서 머리에서 김이 뿜어져 나오는 모습을 표현한 것입니다. 저는 이 효과를 크게 6가지 동작으로 표현하겠습니다.

1	2	3	4	5	6

❶ 레이어에 애니메이션 폴더를 추가하고 이름을 '화남효과 러프'
로 변경합니다.

❷ 애니메이션 폴더 안에 레스터 레이어를 추가하고 아래와 같은
효과를 그려줍니다.

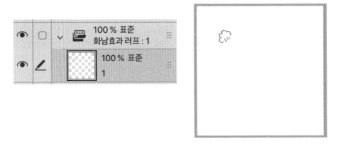

❸ 타임라인에 셀 추가 버튼을 누릅니다. 2번 레이어가 자동으로
생성되고, 타임라인에 등록되었습니다. 앞 프레임을 참고해 두
번째 화남 효과를 더 크게 그립니다.

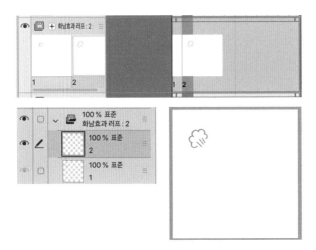

❹ 타임라인에 셀 추가 버튼( )을 누릅니다. 3번 레이어가 자동으로 생성되고, 타임라인에 등록되었습니다. 더욱 더 커진 화남 효과를 그려주세요.

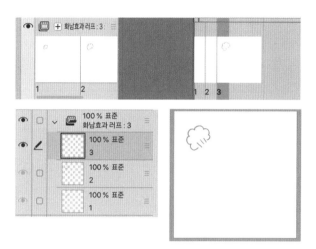

❺ 한 번 더 셀 추가 버튼( )을 누릅니다. 화남 효과가 구름처럼 작아진 모습을 그려줍니다.

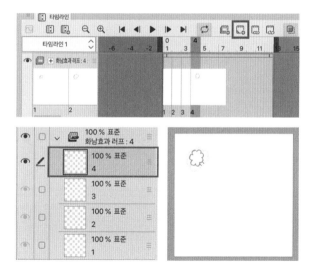

❻ 타임라인의 셀 추가 버튼( )을 또 클릭합니다. 5번 셀(레이어)이 추가됩니다. 이제 아주 작아진 화남 효과를 그려주세요.

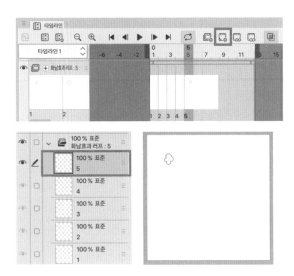

❼ 이제 마지막 셀을 만들 차례입니다. 타임라인의 셀 추가 버튼( )을 클릭해주세요. 마지막 셀은 아무것도 그리지 않아서 화남 효과가 완전히 사라진 장면으로 만들겠습니다.

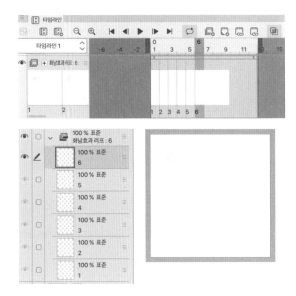

❽ 이제 1~6번 프레임이 프레임 끝까지 반복되도록 '셀 일괄 지정'을 해주겠습니다. 7번 프레임을 클릭한 상태에서,

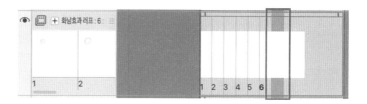

타임라인 설정 - 트랙편집 - 셀 일괄 지정에 들어가세요. 아래와 같이 설정한 후 OK를 클릭합니다.

❾ 타임라인 프레임에 마지막까지 1 - 2 - 3 - 4 - 5 - 6이 반복되도록 등록되었습니다.

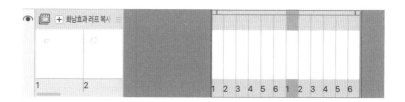

재생 버튼을 눌러보세요. 화남 효과가 반복적으로 나타납니다.

❿ 이번에는 화남 효과를 오른쪽 머리 위에도 넣어보겠습니다. 레이어 탭의 '화남효과' 애니메이션 폴더를 선택하고 새 레스터 레이어 추가 아이콘에 끌어다 놓아주세요.

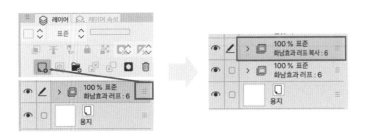

애니메이션 폴더가 복사되었습니다. (애니메이션 폴더를 선택한 상태에서, 메뉴 - 편집 - 복사, 메뉴 - 편집 - 붙여넣기 해도 됩니다)

⓫ 복사한 화남 효과의 방향을 오른쪽으로 바꿔 보겠습니다. 복사한 애니메이션 폴더를 선택하고 메뉴 - 편집 - 변형 - 좌우 반전을 클릭합니다. 효과가 반대 방향으로 뒤집혔습니다.

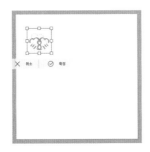

⓬ 그림을 클릭한 채로 드래그해서, 화남 효과를 오른쪽 머리 윗부분으로 이동시킵니다.

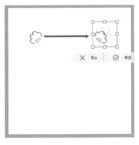

이제 타임라인의 재생 버튼을 누르면 화남 효과가 두 개 움직이는 것을 볼 수 있습니다.

그런데 화남 효과가 동시에 커졌다가 작아지는 것이 부자연스러워 보이니 두 애니메이션의 재생 순서를 조금 변경해보겠습니다. 똑같은 애니메이션도 시작하는 셀순서를 바꿔주면 다른 애니메이션 같은 다채로운 느낌을 줄 수 있습니다.

복사한 애니메이션 폴더를 선택하고, 타임라인 팔레트를 보세요. 1 - 2 - 3 - 4 - 5 - 6 - 1 - 2 - 3 - 4 - 5 - 6 순서로 재생되는 프레임을 3 - 4 - 5 - 6 - 1 - 2 - 3 - 4 - 5 - 6 - 1 - 2 순서로 3번 레이어부터 재생되도록 바꾸겠습니다.

❸ 프레임 상단의 이동막대를 클릭한 채로 프레임 전체를 끌어서 앞으로 2칸 이동시켜줍니다.

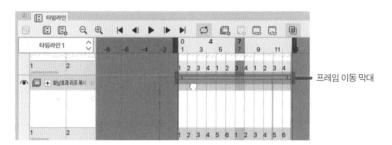

아래와 같이 프레임 전체가 이동됩니다.

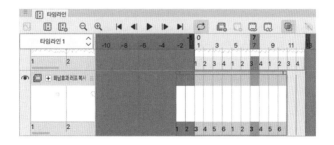

❹ 앞쪽으로 당겨진 1, 2번 프레임을 드래그해서 선택합니다. 프레임의 빨간색 선을 클릭한 채로 11번 프레임까지 끌어다 놓습니다.

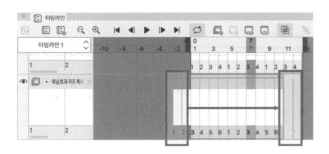

프레임의 가장 앞에 있던 1, 2번 셀이 11, 12번째 프레임으로 이동되었습니다.

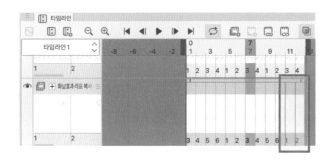

다시 재생해봅니다. 화남 효과가 시작되고 끝나는 타이밍이 변경되었습니다. 두 효과가 다른 타이밍으로 움직이니 더 자연스러운 느낌이 나지요?

불꽃 배경 러프 애니메이션 만들기

이제 마지막으로, 화난 감정을 더욱 잘 보여줄 수 있도록 배경에 불꽃 애니메이션을 만들어보겠습니다. 우선 앞서 만들어둔 애니메이션 폴더들의 눈을 모두 꺼주세요. 불꽃 애니메이션은 총 4개의 프레임이 반복되도록 만들어 보겠습니다.

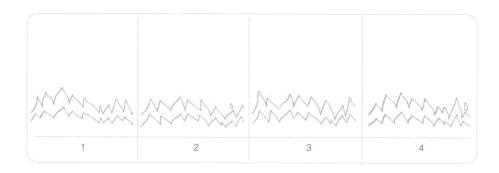

❶ 레이어에 애니메이션 폴더를 추가하고, '불꽃 러프' 라고 이름을 바꿔주세요. 폴더 안에 레스터 레이어를 추가합니다.

❷ 1번 레이어에 불꽃 배경을 하나 그려줍니다.

❸ 타임라인 팔레트에서 셀 추가 버튼()을 클릭합니다. 새로 생겨난 2번 레이어에 다른 모양의 불꽃을 그려 넣습니다. 조금씩 다른 모양의 불꽃을 그려주면 재생했을 때 불꽃이 일렁이는 듯한 느낌을 줄 수 있습니다.

❹ 타임라인 팔레트에서 또 셀 추가 버튼을 클릭합니다. 새로 생겨난 3번 레이어에도 다른 모양의 불꽃을 그려 넣습니다.

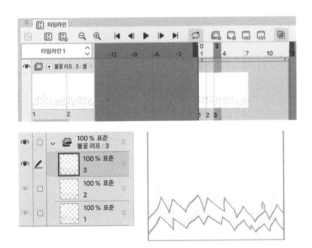

❺ 마지막으로, 타임라인 팔레트에서 셀 추가 버튼을 한 번 더 클릭합니다. 새로 생긴 4번 레이어(셀)에 불꽃을 그려줍니다.

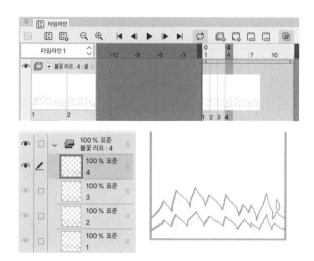

❻ 이제 프레임 마지막까지 1 - 2 - 3 - 4 셀이 반복되도록 만들어 봅시다. 5번 프레임을 클릭하고 타임라인 설정 - 트랙편집 - 셀 일괄 지정에 들어가세요. 시작 셀 1, 종료 셀 4, 프레임 수 1, 마지막까지 반복되도록 설정하고 OK 버튼을 클릭하면 아래와 같이 셀이 일괄 지정됩니다.

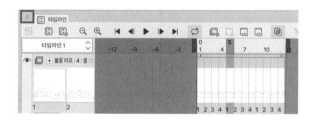

❼ 눈을 꺼두었던 애니메이션 폴더들의 눈을 모두 켜주고, 재생 버튼을 클릭해보세요.

배경에 불꽃이 움직이고, 화난 하자토끼가 허리에 손을 올리고 몸을 들썩입니다. 하자토끼의 머리

위에는 화남 효과가 나타났다 사라지기를 반복합니다.

자, 이렇게 '러프 애니메이션'이 완성되었습니다. 이렇게 러프 애니메이션을 만드는 이유는 곧바로 애니메이션을 만들면 완성 후 발견하는 문제를 수정하기 힘들기 때문입니다. 러프한(거친) 애니메이션 단계에서 수정사항을 찾고 수정하면, 결과적으로는 작업 시간을 더 줄일 수 있습니다.

완성
애니메이션 만들기

러프 애니메이션을 토대로 완성 애니메이션을 만들어 보겠습니다. 앞장과 비슷한 내용이기 때문에 많이 어렵지는 않을 것입니다. 차근차근 따라해봅시다.

완성 애니메이션을 만드는 단계에서도 러프 애니메이션과 마찬가지로 애니메이션 폴더를 움직임별로 구분하는 것이 좋습니다. 배경을 바꾸어야 한다거나, 특수효과의 크기를 키운다거나 하는 수정 상황에서 아주 효율적이기 때문이죠.

완성 애니메이션 만들기와 러프 애니메이션 만들기의 유일한 차이점은 애니메이션 폴더 안에 '레이어' 가 아니라 '폴더' 가 들어간다는 점입니다.

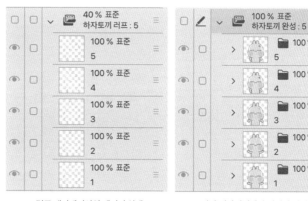

러프 애니메이션의 레이어 상태
- 프레임에 레스터 레이어가 셀로 등록됨

완성 애니메이션의 레이어 상태
- 프레임에 폴더가 셀로 등록됨

완성 애니메이션은 선 레이어와 채색 레이어를 합쳐 하나의 셀로 만들어야 하기 때문에 여러 레이어를 폴더로 묶어 프레임에 등록하게 됩니다. 이 점을 유념하면서 만들어봅시다.

하자토끼 애니메이션 만들기

1. 하자토끼 러프 애니메이션 폴더의 눈만 켜주고 나머지 애니메이션 폴더의 눈을 모두 꺼줍니다.

2. 하자토끼 러프 애니메이션 폴더의 투명도를 40%로 낮춰주세요.

3. 타임라인 창의 애니메이션 폴더를 추가 버튼을 클릭합니다. 새로운 애니메이션 폴더의 이름을 '하자토끼 완성'으로 바꿉니다.

4. 애니메이션 폴더 안에 폴더를 추가하고, 그 폴더 안에 벡터 레이어를 추가합니다.

5. 타임라인의 1번 프레임을 선택하고 셀 등록 버튼을 클릭해 1번 폴더(셀)를 등록해줍니다.

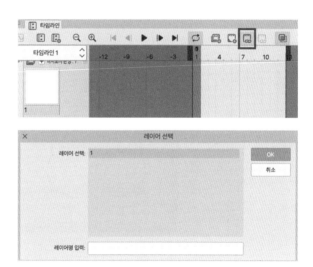

6. 펜 툴에서 스푼펜을 선택하고 도구 속성에서 브러시 크기는
10으로, 손떨림 방지는 90으로, 색은 검정으로 설정해줍니다.

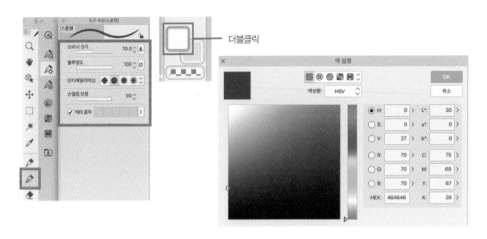

7. 이제, 1번 폴더의 벡터 레이어에 밑그림을 따라서 외곽선을 그
려주세요.

선이 잘못 그려졌을 때는 벡터지우기(127쪽)를 이용해서 지워보
세요. 선을 세밀하게 조정할 때에는 선 끌기( )기능(130쪽)이
나 오브젝트( )도구(129쪽)를 이용하면 편합니다.

8. 애니메이션 폴더 안에 새로운 폴더를 추가합니다. 2번 폴더가
생겨났습니다. 타임라인 2번째 칸을 선택하고 2번 폴더(셀)를 등
록해주세요.

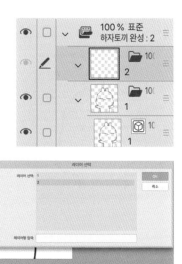

9. 캐릭터를 다시 그릴 수도 있지만
복사해서 붙여넣어도 됩니다. 1번
폴더 속의 벡터 레이어를 복사하고
2번 폴더 안에 붙여넣기 하세요.
(메뉴 - 편집 - 복사/붙여넣기)

10. 오브젝트 도구(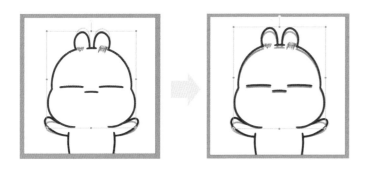)로 얼굴 부분을 드래그하고, 러프 애니메이션을 보며 얼굴의 크기와 위치를 조정해줍니다. 팔 부분은 벡터 지우기로 지워주고 밑그림(러프 애니메이션)을 따라 새로 그려줍니다.

11. 3번, 4번, 5번 프레임도 같은 방법으로 그려주세요. 그러면 타임라인의 프레임에 다음과 같이 셀이 등록될 것입니다.

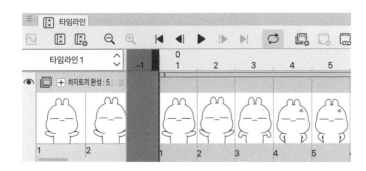

12. 외곽선이 다 그려졌다면, 이제는 채색할 차례입니다. 우선 밑그림이 채색에 영향을 주지 않도록, 러프 애니메이션 폴더들의 눈을 꺼주세요.

13. 1번 폴더에 레스터 레이어(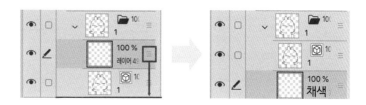)를 추가하고 이름을 '채색'으로 바꿔주세요. 외곽선 레이어(벡터 레이어) 아래쪽으로 채색 레이어를 옮겨줍니다.

14. 채우기 도구( )를 이용해서 캐릭터를 흰색으로 채워주세요. 2, 3, 4, 5번 폴더에도 같은 방법으로 흰색을 채색합니다.
(흰색이 채색되는지를 알아볼 수 있게 용지 레이어의 눈은 꺼두세요)

15. 이제 볼을 그려줄 차례입니다. 1번 폴더에 레스터 레이어를 추가하고 이름을 '볼'로 바꿔줍니다. 그리고 레이어 팔레트에서 클리핑 마스크 버튼( )(142쪽 참조)을 눌러줍니다.

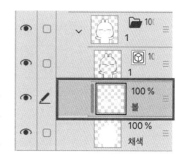

아래쪽 몸 채색 레이어에 클리핑이 되어서 몸 바깥으로 튀어나오지 않게 채색이 가능해졌습니다.

16. 스푼펜을 이용해 양쪽에 볼을 그려줍니다.

17. 2, 3, 4, 5번 셀에는 1번 폴더에서 작업한 '볼' 레이어를 복사해서 붙여넣기 하고 위치만 알맞게 조정하면 됩니다.

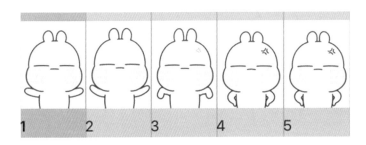

위치를 조정할 때에는 이동 도구( )를 선택하고 시프트(shift) 키를 누른 채로 클릭 이동하면 일직선으로 곧게 이동시킬 수 있습니다. 모든 폴더에 '볼' 레이어가 추가되었습니다.

18. 마지막으로, 얼굴에 그림자를 추가해보겠습니다. 1번 폴더의 볼 레이어 위에 레스터 레이어( )를 추가하고 이름을 '그림자'로 바꿔주세요. 그리고 레이어 팔레트의 클리핑 마스크 버튼도

클릭하여 그림자가 바깥으로 나가지 않게 설정합니다.

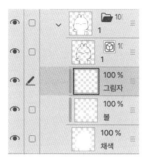

19. 어두운 색을 선택하고 그림자가 생기는 부분을 두꺼운 펜으로 그려주세요.

20. 그림자는 보통 어두운 색으로 그린 뒤에 레이어의 투명도를 낮추어 작업합니다. '그림자' 레이어의 투명도를 30 정도로 낮춰주세요.

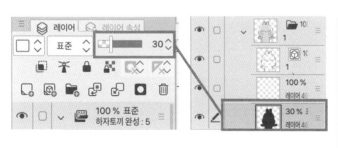

캐릭터 위로 어두운 그림자가 생겨났습니다.

21. 볼과 마찬가지로, '그림자' 레이어를 복사해서 2, 3, 4, 5번 폴더에도 붙여넣기 합니다. 캐릭터 위치에 맞게 이동 도구를 이용해 위치를 조정해주세요.

22. 이제 러프 애니메이션과 동일하게 프레임 끝까지 셀을 등록해줍니다.

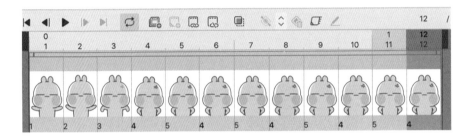

재생 버튼을 눌러보세요. 튀어 나간 채색 없이 잘 채워졌나요? 이상 없다면 하자토끼의 애니메이션이 완성되었습니다.

클리핑 마스크인데 색이 튀어나간다면?

가끔 클리핑 마스크가 적용되지 않고 색이 튀어나가는 경우가 있습니다. 이 오류를 해결하는 방법은 간단합니다. 클리핑 마스크 버튼을 껐다가 다시 켜주면 다시 클리핑 마스크가 적용됩니다.

화남 효과 애니메이션 만들기

1. 화남 러프 애니메이션 폴더의 눈을 켜주고, 투명도를 38%로

조절합니다. 그리고 레이어를 잠가주세요. 레이어를 잠그는 방법은 레이어창의 자물쇠 버튼을 클릭하면 됩니다. 러프 레이어를 잠그는 이유는 완성 애니메이션 작업중에 러프 애니메이션 영역을 침범하는 실수를 하지 않기 위함입니다.

2. 타임라인 팔레트에서 신규 애니메이션 폴더 아이콘( )을 클릭하고, 생겨난 애니메이션 폴더 이름을 '화남효과 완성'이라고 바꿔주세요.

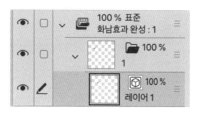

3. 이 단계부터는 앞에서 설명한 방법과 같습니다. 애니메이션 폴더 안에 폴더를 추가하고, 외곽선 레이어(벡터 레이어)와 채색 레이어(레스터 레이어)를 만들어 넣으세요.

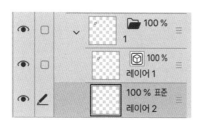

6개의 셀을 모두 완성하면 타임라인은 아래와 같은 모습이 됩니다.

4. 러프 애니메이션을 만들 때처럼 효과 애니메이션은 하나를 완성한 후에, 애니메이션 폴더를 복사, 붙여넣기 하고 좌우 반전을 하시면 되겠습니다.

애니메이션 전체의 크기를 변경하고 싶다면?

애니메이션 폴더를 선택하면 하나의 움직임 덩어리를 통째로 선택했다고 생각하시면 됩니다. 애니메이션 폴더를 선택한 상태에서 변형하면, 그 안의 모든 장면들도 변형이 적용됩니다.

예를 들어 효과 애니메이션이 너무 작다는 생각이 든다면, 효과 애니메이션 폴더를 선택한 상태에서 메뉴 - 편집 - 변형 - 확대/축소/회전에 들어가서 수정하면 애니메이션 전체의 크기를 간단하게 수정할 수 있습니다.

불꽃 배경 애니메이션 만들기

불꽃 배경 또한 앞서 설명한 방법과 같이 애니메이션 폴더를 추가하고, 선과 채색 레이어를 만들어 넣으시면 됩니다.
하자토끼 완성, 화남효과 완성, 화남효과 완성 복사, 불꽃 배경. 이 네 가지 애니메이션 폴더가 완성되면 프레임 12칸은 아래와 같은 모습이 됩니다.

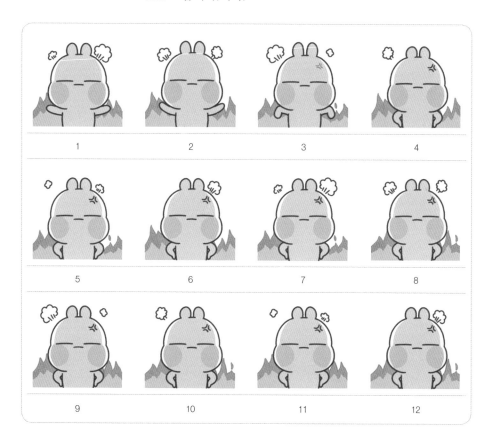

이제 모든 애니메이션이 완성되었나요?

그럼, 재생해보세요.

애니메이션의 전체적인 빠르기를 조절하고 싶으시다면? 맞습니다. 프레임 레이트 변경(173쪽 참조)에 들어가서 빠르기를 조절해보세요.

애니메이션 제작이 완료되었다면, 제안을 위해 GIF 파일로 저장해야 합니다. 저장 방법은 2부 '애니메이션 저장하고 내보내기'(193쪽 참조) 방법을 따라해보세요.

이렇게 해서 3부 〈따라해보자!〉를 마칩니다.

최대한 자세히 설명을 적어보았지만, 한 번에 따라오기에는 힘이 들 수도 있습니다. 따라하기 어렵다면, 여러 번 읽어보시면서 연습해보세요. 이모티콘 하나를 제대로 완성해보는 경험이 이모티콘 제작에 아주 큰 도움이 되리라 믿습니다. 이 과정이 익숙해진다면 다른 애니메이션도 충분히 만들어내실 수 있을 것입니다!

독자 여러분!

책의 마지막까지 오시느라 정말 고생 많으셨습니다. 책을 읽고 따라하는 과정이 절대 쉽지 않으셨으리라 생각합니다.

제가 처음 이모티콘을 만들던 때를 생각해보면, 하나부터 열까지 익히고 적용해보느라 무척 어려웠던 기억이 납니다. '시작' 이라는 출발선에서는 모두가 공평한 초보자이기에, 독자님들도 지금의 미숙함과 어려움을 재미있는 추억으로 되돌아보는 시기가 반드시 올 거라고 확신합니다.

이 책을 쓰며 생긴 저의 꿈은 독자님들께서 이모티콘 그림을 '하나' 라도 완성해보시는 것입니다. 저의 소박한 꿈을 이뤄주셨나요?

미승인에 지치지 마시고, 건강하게 도전하셔서 이모티콘 출시라는 결승점까지 무사히 달리시길 응원합니다. ^^

이른 시일 안에 동료로 만나 뵙길 기대하며 책을 마칩니다.

감사합니다.

2020년 9월
써노 드림

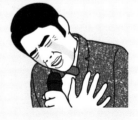